Våkn Opp, *Israel*

"Solen skal omskiftes til mørke
Og månen til blod
Før HERRENS dag kommer
den store og forferdelige.
Og det skal skje:
hver den som påkaller HERRENS navn
Skal bli frelst;
For på Sions berg og i Jerusalem
Skal det være en flokk av undkomne,
således som HERREN har sagt,
Og blandt de undslopne skal de være som HERREN kaller."

(Profeten Joel 3:4-5)

Våkn Opp, Israel

Dr. Jaerock Lee

Våkn Opp, Israel av Dr. Jaerock Lee
Utgitt av Urim Bøkene (Representant: Seongnam Vin)
361-66, Shindaebang Dong, Dongjak Gu, Seoul, Korea
www.urimbooks.com

Alle rettigheter forbeholdt. Denne boken eller deler av den kan ikke bli kopiert i noen som helst form, oppbevart i ett oppbevarings system, eller utgitt i noen som helst form eller på noen som helst måte, elektronisk, mekanisk, kopiert, innspilt eller på noen annen måte uten forhånds tillatelse ifra forlaget.

Opphavsrettslig Beskyttet © 2020 av Dr. Jaerock Lee
ISBN: 979-11-263-0601-5 03230
Opphavsrettslig Beskyttet © 2009 av Dr. Ester K. Chung. Brukt ved tillatelse.

Tidligere utgitt på koreansk av Urim Bøkene i 2007

Først Utgitt februar 2020

Redigert av Dr. Geumsun Vin
Formgitt av Urim Bøkenes Redigeringsbyrå
Trykket av Yewon Boktrykkeri
For mer informasjon, ta kontakt med: urimbook@hotmail.com

Innledning

På begynnelsen av det 20de århundre, fantes det flere rekker med begivenheter i Palestinas fattige landsdel hvor ingen på den tiden ville bo. Jødene som hadde blitt strødd rundt omkring den Østerlige delen av Europa, Russland, og resten av jordkloden begynte å flokke til et land med overflod av tistler, fattigdom, sult, sykdom, og tortur.

Uansett mye dødsulykker på grunn av malaria og sult, mistet ikke jødene deres høye tro og ambisjoner, men begynte å bygge kibbutz (et arbeidssted i Israel, for eksempel et gårdsbruk eller en fabrikk, hvor arbeiderne bodde sammen og delte alle forpliktelsene og inntekten). Akkurat som Theodor Herzl, grunnleggeren av den moderne Sionisme påsto, "Hvis du vil, er det ikke noen drøm," restaureringen av Israel vil bli en virkelighet.

I all rettferdighet, restaureringen av Israel ble sett på som å utrette en umulig drøm, og ingen var villige til å tro på den. Men jødene utfyllte drømmen og med fødselen av staten Israel fikk de mirakulløst deres egen nasjon for første gang på omkring 1,900 år.

Menneskene i Israel, uansett århundre lang forfølgelse og tortur mens de hadde vært strødd rundt omkring i andre land som ikke var deres egne, holdt fast på deres tro, kultur, og språk, og gjorde dem hele tiden bedre. Etter grunnleggingen av den moderne staten Israel, kultiverte de de ufruktbare strekningene og la mye trykk på å lage et variert antall industrier som tillot deres nasjon med å forene seg med industrilandene, og er et utrolig folkeslag som har motstått og vokst blandt stadige utfordringer og trussler om deres overlevelse som en nasjon.

Etter grunnleggingen av Manmin Kirken i 1982, har Gud avslørt for meg i inspirasjon av den Hellige Ånd mye om Israel fordi Israels selvstendighet er et tegn i de siste dagene og fullførelsen av forutsigelsen i Bibelen.

Hør HERRENS ord, dere folk, og forkynn det på øyene langt borte og si: "Han som adspredte Israel, skal samle det og vokte det, som en hyrde vokter sin hjord" (Profeten Jeremias 31:10).

Gud har valgt folket i Israel for å avsløre Hans forsyn hvor Han har skapt og har kultivert menneskene. Først og fremst skapte Gud Abraham til "troens far," og opprettet Jakob, barnebarnet til Abraham, som Israels grunnlegger, og Gud har forkynt Hans vilje til Jakobs etterfølgere og utført forsynet av menneskenes kultivasjon.

Når Israel trodde på Guds ord og spaserte ifølge Hans adlydende vilje, nøt den stor ære og verdighet over alle nasjonene. Når den tok avstand fra Gud og ble lydige mot Ham, da ble Israel utsatt for forskjellige torturer, inkludert utenlandsk invasjon og menneskene deres ble tvunget til å leve som landstrykere i alle verdensdelene.

Selv når Israel møtte vanskeligheter på grunn av deres synder, har Gud aldri hverken sviktet eller glemt dem. Israel var alltid bundet til Gud gjennom Hans avtale med Abraham og Gud stoppet derfor aldri å arbeide for dem.

Under Guds usedvanlige omsorg og veiledning, var Israel som et folkeslag alltid beskyttet, fikk selvstendighet, og ble igjen en nasjon over alle nasjoner. Hvordan kunne menneskene i Israel bli beskyttet og hvorfor ble Israel gjenopprettet?

Mange mennesker sier, "Overlevelsen av den jødiske nasjonen er et mirakel." Ettersom typen og omfatningen av forfølgelsen og undertrykkelsen som de jødiske menneskene led under Diaspora oversteg all beskrivelsen og fantasien, vil bare selve historien til Israel vitne til sannferdigheten av Bibelen.

Men selv en større grad av elendighet og smerte enn hva som jødene så vil skje etter Jesus Kristus Andre Advent. Men selvfølgelig, mennesker som har akseptert Jesus som deres frelser vil bli løftet opp i luften og delta i Bryllupsfesten med Herren. Men de som ikke har akseptert Jesus som deres Frelser, vil ikke bli løftet opp i luften når Han kommer tilbake og vil lide av den Store Prøvelsen for sju år fremover.

> *"For se, dagen kommer, brennende som en ovn; da skal alle overmodige og hver den som lever ugudelig, være som halm, og dagen som kommer, skal sette dem i brann, sier Herren, hærskarenes Gud, så den ikke levner dem rot eller gren"* (Profeten Malakias 4:1).

Gud har allerede avslørt for meg i detaljer om katastrofene

som vil skje under den sju år lange Store Prøvelsen. På grunn av dette, er det mitt alvorlige ønske for at menneskene i Israel som er Guds utvalgte å akseptere Jesus, uten noen annen forsinkelse. Han som spaserte her på jorden rundt to tusen år tilbake, som deres Frelser, slik at ikke en eneste en av dem vil være igjen og lide den Store Prøvelsen.

På 25 års jubileet av Manmin Sentral Kirke, har jeg skrevet og gitt noe arbeide som gir svar på jødenes tusen år lange tørste etter Messias og til de uendelige spørsmålene som hele tiden kommer opp.

Må hver leser av denne boken ta til hjerte Guds desperate budskap om kjærlighet og å kunne møte Messias som Gud hadde sendt hit til alle mennesker, uten noen som helst forsinkelse

Jeg elsker hver eneste en av dere med hele mitt hjerte.

November 2007
På Gethsemane Bedehus

Jaerock Lee

Forord

Jeg gir all takknemlighet og ære til Gud for at Han førte og velsignet oss til å utgi *Våkn Opp, Israel!* de siste dagene. Dette arbeidet har blitt utgitt i forhold til Guds vilje som søker etter å vekke opp og frelse Israel, og er organisert av den umålelige kjærligheten til Gud som ikke ønsker å miste en eneste sjel.

1. kapittel, "Israel: Guds Utvalgte," forsker om grunnene til Guds skapelse og oppdragelsen av alle menneskene her på jorden og om Hans Forsyn hvor Han valgte og styrer folkene fra Israel som Hans valgte i menneskenes historie. Kapittelet introduserer også Israels mektige forfedre så vel som Vår Herre, som kom inn i denne verdenen ifølge forsynet som hadde varslet om alle menneskenes kommende Frelser fra huset til David.

Ved å undersøke de Bibelske forsynene vedrørende Messias, 2. kapittel, "Den Messias Som Var Sendt av Gud," vitner til at Jesus' var den Messias som Israel fremdeles ventet veldig ivrig på, og som ifølge loven angående befrielse av landet, tilfredsstilte alle kvalifikasjonene som menneskenes Frelser. Videre undersøker det andre Kapittelet om hvordan det Gamle Testamentets forsyn på Messias har blitt fullført av Jesus og forholdet mellom Israels historie og Jesus død.

Det tredje Kapittelet, "Den Gud Som Israel Tror På," tar et nærmere blikk på menneskene i Israel som adlød loven fullstendig og dens tradisjoner, og forklarer til dem hva Gud er tilfredstilt med. I tillegg, minner Han dem på at de har tatt avstand til Guds vilje på grunn av tradisjonen til de eldre som de produserte, Kapittelet oppmuntrer dem til å forstå Guds virkelige vilje fordi Han ga dem loven i første omgang, og om å utfylle loven med kjærlighet.

Utforsket i det siste Kapittelet "Se og Hør!" er vår tid, som Bibelen har spådd som "tidens slutt," og likesom den truende opptreden av de ikke kristne og overblikket til den Syv År Lange Prøvelsen. Likeledes, ved å vitne til de to hemmelighetene til Gud, som har blitt laget i Hans uendelige kjærlighet for Hans Valgte slik at menneskene i Israel kanskje kan nå frelse helt til slutten av menneskenes kultivasjon, bønnfaller de siste

Kapittelene menneskene i Israel om ikke å forlate deres siste sjanse for frelse.

Når den første mannen Adam begikk synden ved ikke å adlyde og ble drevet ut fra Edens have, lot Gud ham bo i landet Israel. Fra det tidspunktet, i løpet av historien av menneskenes kultivasjon, har Gud ventet for millenium og venter fremdeles idag i håp om å få virkelig sanne barn.

Det er ikke tid til å vente eller sløse bort. Må hver og en av dere innse at vår tid virkelig er våre siste dager og derfor gjøre oss klare til å motta vår Herre som skal komme tilbake som Konge av alle konger og Herre til alle herrer, i Hans navn jeg sannelig ber.

November 2007
Geum-sun Vin,
Sjefs Redaktør

Innehold

Innledning
Forord

1 kapittel
Israel: Guds Utvalgte

Begynnelsen av Menneskenes Oppdragelse _ 3
Mektige Forfedre _ 18
Mennesker Som Vitner til Jesus Kristus _ 36

2 kapittel
Den Messias Som Var Sendt av Gud

Gud Gir et Løfte om Messias _ 55
Kvalifikasjonene til Messias _ 62
Jesus Fullfører Forutsigelsene _ 77
Jesus Død og Forutsigelsene om Israel _ 85

3 kapittel
Den Gud Som Israel Tror På

    Loven og Tradisjonen _ 95
    Guds Virkelige Hensikt med å Opprette Loven _ 105

4 kapittel
Se og Hør!

    Mot Slutten av Verden _ 125
    De Ti Tærne _ 142
    Guds Usvikelige Kjærlighet _ 154

1 kapittel

Israel: Guds Utvalgte

Begynnelsen av Menneskenes Oppdragelse

Moses, Israels mektige leder som frisatte dens folk fra slaveri i Egypt og førte dem inn til Det forjettede landet Kana'an og tjente som Guds fullmakt, begynte Hans ord i Første Mosebok slik:

"I begynnelsen skapte Gud himmelen og jorden" (1:1).

Gud skapte himmelen og jorden og alt i dem på seks dager, og hvilte på, velsignet, og helliggjorde den syvende dagen. Hvorfor skapte så Gud Skaperen universet og alt innenfor den? Hvorfor har Han skapt menneskene og tillat mangfoldige mennesker siden Adam å leve her på jorden?

Gud Valgte De som Han Kunne Dele Kjærlighet Med i All Evighet

Før skapelsen av himlene og jorden, eksisterte den allmektige Gud i det uendelige universet som lyset hvor lyden var laget. Etter lang tid med isolasjon, ønsket Gud å ha de som Han kunne dele kjærligheten med i all evighet.

Gud hadde ikke bare en guddommelig natur som markerte Ham som Skaperen, men også en menneskelig natur hvor Han følte glede, sinne, sorg, og tilfredstillelse. Så Han ville gjerne gi og motta kjærlighet med andre. I Bibelen er det mange henvisninger som peker på Guds besittelse av menneskelige egenskaper. Han var tilfredstillt med og fornøyd med israelittenes rettferdige gjerninger (Femte Mosebok 10:15; Salomos ordspråk 16:7), men sørget og ble vrede på dem når de syndet (2. Mosebok 32:10; 4. Mosebok 11:1, 32:13).

Det er til tider hvor hvert individ ønsker å være for seg selv, men han vil bare bli mere gledelig og lykkelig hvis han har en venn som han kan dele sitt hjerte med. Siden Gud hadde menneskelige egenskaper, ønsket Han derfor å ha de som Han kunne gi Hans kjærlighet til, til de som hadde et hjerte som han kunne komme inn i, og omvendt.

'Ville det ikke bli lykkelig og rørende å ha barn som kunne komme inn i Mitt hjerte og som jeg kunne gi og motta kjærlighet til i dette uendelige og dype kongerike?'

Da Han valgte, planla Gud derfor en plan til å få sanne barn som ville ligne på Ham. På slutten, skapte ikke Gud bare det åndelige rike men også det fysiske rike hvor menneskene skulle bo.

Noen vil kanskje spekulere på, 'Det er mange himmelske verter og engler i himmelen som bare er lydige. Hvorfor gjorde Gud seg umake med å skape menneske?' Men untatt et par engler, de fleste av de himmelske vesene har ikke den menneskelige egenskapen som er den viktigste av alle elementene som en må ha for å kunne gi og motta kjærligheten: fri vilje hvor de selv kan velge. Slike himmelske vesener er som roboter; de lyder det som de blir befalt om, uten å føle lykke, vrede, sorg, eller tilfredstillelse, de kan ikke gi eller motta kjærlighet som kommer innerst inne fra deres hjerte.

La oss si at det er to barn og en av dem, uten at han noensinne gir uttrykk for hans følelser, meninger, eller kjærlighet, er lydig og gjør alt hva han blir fortalt. Det andre barnet, selv om han skuffer hans foreldre fra tid til annen på egen hånd, er han hurtig med å angre på hans ugjerninger, klenger seg kjærlig på hans foreldre og uttrykker sitt hjerte på mange måter.

Hvem ville du foretrekke av disse to? Du ville helt sikkert velge den siste. Selv om du har en robot som gjør alt ditt arbeide for deg, ingen av dere ville foretrekke roboten istedenfor ditt eget barn. På samme måte, foretrekker Gud menneskene som gledelig vil adlyde Ham med hans grunner og følelser, istedenfor en himmelsk vert og engel som ligner en robot.

Guds Forsyn for å Få Sanne Barn

Etter at Gud hadde skapt den første mannen Adam, fortsatte Han med å skape Edens have og tillot Adam å styre den. Alt var i store mengder i Edens have og Adam styrte over alle tingene med fri vilje og med den makten som Gud ga ham. Men det var en ting som Gud ikke tillot ham.

> *Fra alle trærne i haven kan du spise fritt; men ikke fra treet med kunnskapen om godt og ondt skal du spise, for på den dagen som du spiser ifra det vil du med sikkerhet dø (første Mosebok 2:16-17).*

Dette var et system som Gud oppbygget mellom Gud Skaperen og det skapte menneske, og Han ville at Adam skulle adlyde Ham med hans frie vilje og fra innerst inne i hans hjerte. Men etter lang tid, mislykkes Adam med å holde Guds ord og begikk synden med ulydighet ved å spise av treet med kunnskapen om det gode og det onde.

I Første Mosebok 3 er det en scene hvor slangen, som var hisset opp av Satan, spurte Eva, "Ja, er det virkelig sant at Gud har sagt, 'Du skal ikke spise ifra noen av trærne i haven'?" Eva sa, "Gud har sagt, 'Du skal ikke spise ifra [treet som ligger midt i haven] eller ta på det, for da vil du dø.'"
Gud fortalte Eva klart og tydelig, "Den dagen som du spiser ifra det vil du med sikkerhet dø," men hun forandret Gud befaling og sa, "Du vil dø."
Da den innså at Eva ikke tok Guds befaling til hjerte, ble slangen bare mere aggressiv med dens fristelse. "Du vil helt sikkert ikke dø!" fortalte den Eva. "For Gud vet at den dagen som du spiser fra det vil dine øyne åpne seg, og du vil bli lik Gud, og ha kunnskapen av det gode og det onde."

Når Satan pustet inn grådigheten gjennom kvinnens sinn,

begynte hun å se annerledes på treet med kunnskapen om godt og ondt. Treet så godt ut for mat, og var nydelig å se på, og treet var også attraktivt hvis det ville gjøre henne klokere. Eva spiste dens frukt og ga noe til hennes mann, som også spiste det.

Dette er hvordan Adam og Eva begikk synden med å ikke adlyde Guds ord og ville med sikkerhet ende opp med å møte døden (Første Mosebok 2:17).

Her, refererer ikke "døden" til den kjødelige døden hvor en menneskelig kropp slutter med å puste, men med åndelig død. Etter at en spiser ifra treet med kunnskapet om godt og ondt, fikk Adam barn og døde når han var 930 år gammel (Første Mosebok 5:2-5). Fra dette alene vet vi at "døden" her ikke refererer til en fysisk død.

Menneskene var originalt skapt som en blanding av ånd, sjel, og kropp. Han hadde en ånd som han kunne kommunisere med til Gud; en sjel som var kontrollert av ånden; og kroppen som var som et skjold for både ånden og sjelen. På grunn av at han sviktet Guds befaling og begikk en synd, døde ånden og dens kommunikasjon med Gud ble også stoppet, og dette er "døden" som Gud pratet om i Første Mosebok 2:17.

Etter deres synder, var Adam og Eva drevet ut av Edens have som var vakker og rikelig. Dermed begynte torturen for alle menneskene. Smertene ved fødselen ble mangedoblet for kvinnen som nå skulle lengte etter hennes mann og bli styrt av ham, mens mannen skulle spise av den forbannede jorden med hardt arbeide alle dagene i hans liv (Første Mosebok 3:16-17).

Om dette forteller Første Mosebok 3:23 oss, *"Derfor sendte Gud HERREN ham ut fra Edens have, for å kultivere jorden som han ble tatt ifra."* Her, innebærer å "kultivere jorden" ikke bare menneskenes harde arbeide med å spise av jorden men også til det faktum at han – utformet fra støvet på jorden – også kunne "kultivere hans hjerte" mens han bodde her på jorden.

Kultivasjonen av Menneskene Begynte med Adams Syndelse

Adam var skapt som et levende vesen og hadde ikke noen ondskap i hans hjerte, så han behøvde ikke å kultivere hans hjerte. Men etter hans syndelse, var Adams hjerte flekket til med usannhet og da trengte han å kultivere hans hjerte til et rent hjerte akkurat som det hadde vært før han syndet.

Adam måtte derfor kultivere hans hjerte som hadde blitt korrupt med usannhet og synder til et rent hjerte og komme frem som Guds sanne barn etter at han syndet. Når Bibelen sier, "Gud sendte ham ut av Edens have, for å kultivere jorden som han ble tatt ifra," menes det slik, og det blir referert til som "Guds kultivasjon av menneskene."

Tradisjonelt sett, refererer "kultivasjon" til en prosedyre hvor en bonde sår frø, tar vare på hans avlinger, og høster frukten. For å kunne "kultivere" menneskene på jorden og få den gode frukten som menes "Guds sanne barn," sådde Gud de første frøene, Adam og Eva. Gjennom Adam og Eva som ikke adlød Gud, har det blitt født mangfoldige barn og gjennom Guds kultivering av menneskene, mange av dem har blitt født på ny som Guds barn ved å kultivere deres hjerter og gjenvinne Guds tapte speilbilde.

"Guds kultivering av menneskene" refererer derfor til hele prosessen hvor Gud tar ansvaret for og styrer menneskenes historie, fra deres skapelse til Dommedagen, for at Han kan få Hans sanne barn.

Akkurat som en bonde overvinner oversvømmelser, tørke, frost, haggel, og parasitter like etter at en har sådd frøene, men allikevel høster vakre og nydelig frukt på slutten, har Gud kontrollert alt for å kunne få sanne barn som kommer frem etter at de har gjennomgått døden, sykdom, atskillelse, og andre slags lidelser i løpet av deres liv her på jorden.

Grunnen til at Gud Plaserte Treet med Kunnskapen om Godt og Ondt i Edens Have

Noen mennesker spør, "Hvorfor plaserte Gud treet med kunnskapen om godt og ondt hvor menneskene syndet og ble ledet til ødeleggelse?" Men grunnen til at Gud plaserte treet med kunnskapen om godt og ondt, er på grunn av Guds vidunderlige forsyn hvor Han ville føre menneskene til å bli oppmerksomme på 'relativiteten.'

De fleste mennesker antar at Adam og Eva var bare lykkelige for å kunne bo i Edens have fordi det ikke var noen tårer, sorg, sykdom, eller torturer i Haven. Men Adam og Eva kjente ikke til den virkelige lykken og kjærligheten fordi de ikke hadde noen ide om relativiteten i Edens Have.

For eksempel, hvordan ville to barn reagere på å motta den samme leken hvis det ene barnet hadde blitt født og oppdratt i en rik familie og den andre i en fattig familie? Det siste barnet ville være mere takknemlig og lykkelig helt innerst inne av deres hjerte enn barnet med den rike bakgrunnen.

Hvis du forstår den virkelige verdien av noe, må du kjenne og erfare det helt motsatte. Bare når du har lidd av sykdom, vil du kunne sette pris på den sanne verdien med god helse. Bare når du har blitt oppmerksom på døden og helvete, vil du kunne verdsette verdie av det evige livet og takke kjærlighetens Gud helt fra ditt hjerte for å gi deg det evige himmelrike.

I den overflodige Edens have, nøt den første mannen Adam alt som Gud hadde gitt ham, till og med makten til å styre over alle skapningene. Men siden de ikke bar frukten av hans harde arbeid og svette, kunne Adam ikke fullstendig forstå viktigheten eller sette pris på Gud på grunn av dem. Bare etter at Adam ble drevet ut til denne verdenen og erfarte tårer, sorg, sykdom, tortur, ulykker, og døden, begynte han å innse forskjellen mellom lykke og sorg og hvor verdifull friheten og rikdommen som Gud hadde gitt dem i Edens have hadde vært.

Hvor godt ville det evige liv være for oss hvis vi ikke kjente til lykke eller sorg? Selv om vi møter vanskeligheter for en kort stund, hvis vi senere kan innse og si, "Dette er lykke!" vil våre liv bare bli mere verdifulle og velsignet.

Er det ikke noen foreldre som ikke ville sende deres barn til skolen men la dem være hjemme bare fordi de vet at det er vanskelig å studere? Hvis foreldrene virkelig elsker deres barn, vil de sende deres barn til skolen og lede dem til å studere vanskelige ting flittig, og til å erfare forskjellige ting slik at de vil bygge en bedre fremtid.

Guds hjerte, som skapte menneskene og som har kultivert dem, er akkurat det samme. Det var akkurat på grunn av dette at Gud plaserte treet med kunnskapen om godt og ondt, avverget ikke Adam fra å spise av treet med hans egen vilje, og tillot ham å erfare lykke, sinne, sorg, og tilfredstillelse i løpet av menneskenes kultivasjon. Dette er på grunn av at Gud kan elske og tilbede Gud, som er selve kjærligheten og sannheten, innerst inne fra hans hjerte bare etter at han har erfart relativiteten og forstått den sanne kjærligheten, lykken, og takknemligheten.

Gjennom prosessen av den menneskelige kultivasjonen, ville Gud få sanne barn som nå kjenner Hans hjerte og vil kopiere det, og til å leve med dem i himmelrike og dele den evige og sanne kjærligheten med dem i all evighet.

Kultivasjonen av Menneskene Begynner i Israel

Når den første mannen Adam ble drevet ut av Edens Have etter at han ikke adlød Guds ord, ble han ikke gitt rettigheten til å velge landet hvor han kunne bosette seg, men istedenfor ga

Gud ham et område. Dette området var Israel.

I dette var Guds vilje og forsyn lagret. Etter at en stor plan om menneskenes kultivasjon hadde blitt holdt skjult, valgte Gud folket i Israel som en modell for menneskenes kultivasjon. På grunn av dette ga Gud en spesiell tillatelse til Adam til å leve et nytt liv i et land hvor nasjonen Israel skulle bli bygd.

Ettersom tiden gikk, ble det mange land som slektet på Adam og nasjonen Israel ble bygget på Jakobs tid, en slektning av Abraham. Gud ønsket å avsløre Hans ære og Hans forsyn for å kultivere menenskene gjennom Israels historie. Det var ikke bare til isralittene, men også til menneskene over hele verden. Israels historie som Gud selv har tatt ansvaret for er ikke derfor bare en historie med et folk, men et guddommelig budskap for alle mennesker.

Hvorfor valgte så Gud Israel som en modell for menneskenes kultivasjon? Det var på grunn av deres utmerkede egenskaper, med andre ord, deres utmerkede innerste vesen.

Israel er en slektning til 'troens far' Abraham som Gud var veldig tilfreds med, og også en etterfølger av Jakob som var så sta at han kjempet med Gud og seiret. Det er på grunn av dette at, selv etter at de hadde mistet deres hjemland og levd et liv som landstrykere i flere årundre, at ikke folket i Israel mistet deres identitet.

Fremfor alt har menneskene i Israel bevart, i tusenvis av år, Guds ord som har blitt profetert gjennom Guds menn og som har levet etter dem. Selvfølgelig har det også vært tider hvor hele nasjonen tok avstand ifra Guds ord og syndet mot Ham, men folket angret til slutt og gikk tilbake til Gud. De har aldri mistet deres tro i Gud HERREN.

Gjenoppbyggingen av et selvstendig Israel i det 20de århundre viser klart og tydelig hva slags hjerte dens folk har som Jakobs etterfølgere.

Profeten Esekiel 38:8 forteller oss, *"Når lang tid er gått, kommer turen til deg; ved årenes ende skal du komme til et land som er utfridd fra sverdet, og hvis folk er samlet fra mange folkeslag, opp på Israels fjell, som stadig hadde ligget øde; men nå er det ført ut fra folkene, og de bor der trygt alle sammen."* Her refererer "ved årenes ende" til tiden hvor menneskenes kultivasjon vil gå mot slutten og "Israels fjeller" er betegnelsen på byen Jerusalem, sittende nesten 760 m (2,494 fot) over havflaten.

Derfor når Profeten Esikiel sier at *"folkene [vil] være samlet fra mange folkeslag opp på Israels fjell,"* menes det at israelittene vil samle seg fra rundt omkrig verden og gjenopprette staten Israel. Ifølge dette ordet ifra Gud, erklærte Israel, som hadde blitt ødelagt av Romerne i 70 e.Kr., deres status som selvstendig stat 14 mai, 1948. Landet hadde ikke vært noe annet enn "evig sløsing" men idag, bygget Israel en sterk nasjon som ingen andre lett kan overse eller utfordre.

Grunnen til at Gud Valgte Israelittene

Hvorfor begynte Gud menneskenes kultivasjon i landet

Israel? Hvorfor valgte Gud Israels folk, og styrte så Israels historie?

Først bekjentgjorde Gud frivillig til alle nasjonene gjennom Israels historie at Han er Skaperen for himmelrike og jorden, at Han alene er den sanne Gud, og at Han lever. Gjennom studeringen av Israels historie, kan til og med Hedningene føle Guds tilstedeværelse og forstå Hans forsyn ved å styre menneskenes historie.

> *Og alle folkene på jorden skal se at du er kalt med Herrens navn, og de skal reddes for deg* (Femte Mosebok 28:10).

> *Salig er du, Israel! Hvem er som du, et folk som har sin frelse i HERREN, ditt hjelpende skjold og ditt høye sverd! Dine fiender hykler for deg, mens du skrider frem over deres høyder* (Femte Mosebok 33:29).

Guds utvalgte, Israel, har nytet en stor opplevelse, og vi kan lett finne det fra Israels historie.

For eksempel når Rahab mottok to menn som Josva hadde sendt for å spionere på landet Kana'an, sa hun til ham, *"For vi har hørt at HERREN tørket ut vannet i det Røde Hav foran dere da dere dro ut av Egypten, og vi har hørt hva dere gjorde med begge amoritter-kongene på denne siden av Jordan,*

Sihon og Og, som dere slo med bann. Da vi hørte det, ble vårt hjerte fullt av angst, og nå er det ikke mere noen som har mot til å møte dere; for HERREN deres Gud han er Gud både i himmelen der oppe og på jorden her nede" (Josvas bok 2:10-11).

I løpet av israelittenes fangenskap i Babylon, spaserte Daniel med Gud, og Nebukadnesar Kongen fra Babylon erfarte Gud som Daniel spaserte sammen med. Etter at kongen erfarte Gud, kunne han bare *"nu priser og opphøyer og ærer jeg, Nebukadnesar, himmelens konge; for alle hans gjerninger er sannhet, og hans stier rettferdighet, og dem som ferdes i overmot, makter han å ydmyke"* (Daniel 4:37).

Den samme tingen skjedde mens Israel var under regjeringen til Persia. Når de så den levende Guds arbeide og besvarte bønnene fra Dronning Ester, *"mange av folkene i landet ble jøder, for frykt for jødene var falt på dem"* (Esters bok 8:17).

Så når til og med hedningene erfarte den levende Gud som arbeidet for israelittene, begynte de å frykte og tilbe Gud. Og til og med den ettertiden som vi har blitt kjent med fra den majestetiske Gud og tilbedingen av Ham fra slike begivenheter og tilfeller.

Andre, Gud valgte Israel og ledet folket deres fordi Han ville at alle menneskene skulle innse gjennom Israels historie grunnen til at Han skapte menneskene og har kultivert dem.

Gud kultiverer menneskene fordi Han søker etter å få sanne barn. Et sant Guds barn er den som har tatt etter Gud som er selve godheten og kjærligheten, og som er rettferdig og hellig. Det er på grunn av at slike Guds barn elsker Ham og lever ifølge Hans vilje.

Når Israel levde ifølge Guds befalinger og tjente Ham, satte Han isralittene over alle menneskene og nasjonene. På den annen side, når menneskene i Israel ba til idoler og var hurtige med å forlate Guds budskap, ble de utsatt for all slags tortur og slike elendigheter som krig og naturkatastrofer eller også fangeskap.

Gjennom hvert steg av prosessen, lærte israelittene å ydmyke seg selv foran Gud, og hver gang de ydmyket seg selv, gjenopprettet Gud dem med Hans ufeilbare barmhjertighet og kjærlghet og brakte dem inn i Hans ærede armer.

Når Kong Salomon elsket Gud og holdt Hans budskap, nøt han stor ære og herlighet, men når kongen begynte å holde seg vekk ifra Gud og begynte heller å be til idoler, minket æren og herligheten som han hadde nytet. Når kongene i Israel som David, Josafat, og Hiskia fulgte Guds lov, var landet mektig og blomstrer godt, men den var uten makteløs og utsatt for utenlandske invasjoner under styret av kongene som unnvek Guds måte å leve på.

Israels historie røper veldig enkelt Guds vilje på denne måten og tjener som et speil som reflekterer Guds vilje til alle menneskene og nasjonene. Hans vilje sier at når mennesker formerte seg i Guds bilde og likhet ville de holde Hans budskap og bli renset ifølge Hans ord, og de vil motta Guds velsignelser og leve i Hans anerkjennelse.

Israel ble valgt til å avsløre Guds forsyn blandt alle nasjonene og menneskene, og har mottat en enorm velsignelse gjennom Hans arbeide som prestenes nasjon som har ansvaret for Guds ord. Selv når dens folk syndet, tilga Gud dem deres synder og gjenopprettet den så lenge de angret med et ydmykt hjerte, akkurat som Han hadde lovet deres mektige forfedre.

Men over alt annet var den største velsignelsen som Gud hadde lovet og satt til side for Hans utvalgte var det vidunderlige løfte om æren av at Messias skulle komme inn blandt dem.

Mektige Forfedre

Gjennom menenskenes lange historie, har Gud beskyttet Israel under Hans vinger og sendt Guds menn på Hans bestemte tid slik at navnet Israel ikke skulle forsvinne. Guds menn var de som kom fram som de riktige fruktene ifølge Gud forsyn med menneskenes kultivasjon og holdt Guds ord på grunn av kjærligheten som de hadde for Ham. Gud la nasjonen Israels grunnlag gjennom de mektige forferdrene i Israel.

Abraham, Troens Far

Abraham bar merker som troens far ved hans tro og lydighet, og måtte bringe frem en stor nasjon. Han var født rundt fire tusen år tilbake i Ur i Kaldeans, og etter at han ble kalt på fra Gud vant han Guds kjærlighet og erkjennelse og ble så kalt Guds "venn."

Gud kalte på Abraham og lovte ham dette:

> *"Dra bort fra ditt land og fra din slekt og fra din fars hus og til det land som jeg vil vise deg! Og jeg vil gjøre deg til et stort folk; jeg vil velsigne deg og gjøre ditt navn stort, og du skal bli en velsignelse"*

(Første Mosebok 12:1-2).

Abraham var ikke lenger en ung mann på den tiden, manglet en arving, og hadde ingen ide om i hvilket land han ville havne; og det var derfor ikke så lett for ham å adlyde. Selv om han ikke viste hvor han ville havne, stolte Abraham helt og fullstendig på Guds ord, han som aldri bryter Hans løfte. Abraham fulgte derfor alltid troen i alt han gjorde, og i løpet av hans liv mottok han alle velsignelsene som Gud hadde lovet.

Abraham viste ikke Gud bare en perfekt lydighet og handlet med troen, men så alltid etter det gode og fredelige i menneskene rundt seg.

For eksempel, når Abraham forlot Haran ifølge Guds befaling, kom hans nevø Lot med ham. Når de fikk mange eiendeler, kunne Abraham og Lot ikke lenger oppholde seg i det samme landet. Mangelen på åkre og vann brakte "strid mellom hyrdene for Abrahams buskap og hyrdene for Lots buskap" (Første Mosebok 13:7). Selv om Abraham var mye eldre, hverken søkte eler insisterte han på hans fortjenester. Han innvilget seg til hans nevø Lot når de skulle velge om den bedre åkeren. Han sa til Lot i Første Mosebok 13:9, *"Ligger ikke hele landet åpent for deg? Skill deg heller fra meg! Drar du til venstre, vil jeg dra til høyre, og drar du til høyre, vil jeg dra til venstre."*

Og fordi Abraham var en mann med et rent hjerte, tok han ikke en eneste tråd eller en sandal stropp eller noe annet som tilhørte noen andre (Første Mosebok 14:23). Når Gud fortalte ham at byene Sodom og Gomorrah som var fullstendig dekket i synd og ville bli ødelagt, bønnfalte Abraham, som var en mann med åndelig kjærlighet, Gud, og mottok Hans ord om at Han ikke ville ødelegge Sodom hvis de kunne finne ti rettferdige mennesker i byen.

Abrahams godhet og tro var så perfekt at han adlød Guds befaling om å ofre livet til hans eneste sønn som et brennende offer.

I Første Mosebok 22:2, ba Gud Abraham om å, *"Ta din sønn, din eneste, han som du har så kjær, Isak, og gå til Moria land og ofre ham der til brennoffer på et av fjellene, som jeg skal si deg."*

Isak var en sønn som Abraham hadde fått når han var et hundre år gammel. Før Isak ble født, hadde Gud allerede fortalt Abraham at den som ville komme fremover fra hans egen kropp skulle bli hans arving og at antallet av hans etterfølgere ville bli det samme som antall stjerner. Hadde Abraham fulgt de kjødelige tankene, ville han ikke ha kunnet føyd seg etter Guds befaling og ha ofret Isak. Men Abraham adlød med det samme uten å spørre om noe.

I det øyeblikket som Abraham strakk ut sin hånd for å drepe Isak etter at han hadde bygd alteret, kalte Guds engel på ham og sa, *"Abraham, Abraham! Legg ikke hånd på gutten og gjør ham ikke noe! For nå vet jeg at du frykter Gud, siden du ikke har spart din eneste sønn for Min skyld"* (Første Mosebok 22:16-18). Hvor velsignet og rørende var ikke denne scenen?

Akkurat som han aldri stolte på hans kjødelige tanker, var det ingen konflikter eller bekymringer innenfor Abrahams hjerte og han kunne bare adlyde Guds befaling med troen. Han plaserte hele hans tillit til den trofaste Gud som helt sikkert fullfører alt det Han har lovet, den allmektige Gud som mottar de døde, og kjærlighetens Gud som bare ønsker å gi Hans barn gode ting. Akkurat som Abrahams barn bare var lydige og viste troen gjennom hans handlinger, aksepterte Gud Abraham som troens far.

> *Fordi du gjorde dette og ikke sparte din eneste sønn, så vil jeg storlig velsigne deg og gjøre din ætt såre tallrik, som stjernene på himmelen og smo sanden på havets bredd, og din ætt skal ta sine fienders porter i eie. Og i din ætt skal alle jorden folk velsignes, fordi du lød Mitt ord* (Første Mosebok 22:16-18).

Akkurat som Abraham hadde den spesielle og omfattende godhet og tro som tilfredstilte Gud, ble han kalt Guds "venn" og sett på som troens far. Han ble også alle nasjonenes far og kilden til alle velsignelsene akkurat som Gud hadde lovet ham når Han først hadde tilkalt ham, *"Og jeg vil velsigne dem som velsigner deg, og dem som forbanner deg, vil jeg forbanne; og i deg skal alle jordens slekter velsignes"* (Første Mosebok 12:3).

Guds Forsyn gjennom Jakob, Israels Far, og Drømmeren Josef

Isak var født fra Abraham, troens far og de to sønnene Esau og Jakob var født ifra Isak. Gud valgte Jakob, som hadde et bedre hjerte enn hans bror, når han fremdeles var i hans mors mave. Jakob ble senere kalt "Israel" og ble begynnelsen til nasjonen Israel og faren til de Tolv Folkeslagene.

Til den grad at han kjøpte hans eldre bror Esaus førstefødselsrett for linsegryte og rev til seg hans bror Esaus velsignelser ved å bedra hans far Isak, ba Jakob veldig ivrig etter Guds velsignelser og åndelige materieller. Jakob hadde bedragerske egenskaper inne i seg, men Gud viste at så fort Jakob ble omvendt, kunne han bli en mektig kar. På grunn av dette tillot Gud Jakob tjue år med prøvelser slik at hans personlighet kunne bli fullstendig brukket og han kunne kanskje bli ærbødig.

Når Jakob nappet vekk førstefødselsretten til hans eldre bror Esau på en slu måte, prøvde Esau å drepe ham og Jakob måtte flykte vekk ifra ham. Jakob bodde akkurat da hos hans onkel Laban og beitet sauer og gjeiter. Han måtte arbeide hardt for å ta vare på hans onkels sauer og gjeter. Så han tilsto i Første Mosebok 31:40, *"Om dagen fortærtes jeg av hete og av kulde om natten, og søvnen flydde fra mine øyne."*

Gud betaler tilbake hvert individ ifølge hva han sår. Han så at Jakob gjorde dette trofast, og velsignet ham med mye rikdom. Når Gud ba ham om å dra tilbake til hans hjemland, dro Jakob fra Laban og dro hjem igjen med hans familie og eiendeler. Da Jakob nådde Jabbok Elven, hørte han at hans bror Esau var på den andre siden av elven med 400 menn.

Jakob kunne ikke dra tilbake til Laban på grunn av det løfte som han hadde gitt til sin onkel. Og han kunne heller ikke krysse elven og gå fremover mot Esau som tørstet etter hevn. Da han fandt seg selv i en ubehagelig stilling stolte Jakob ikke lenger på hans kunnskap, men ga alt til Gud i hans bønn. Ved å fullstendig bli kvitt alle hans tanker, ba Jakob veldig iherdig til Gud i bønn helt til han forstuet låret sitt.

Jakob kjempet med Gud og vant, så Gud velsignet ham og sa, *"Du skal ikke lenger hete Jakob, men Israel; for du har kjempet med Gud og med mennesker og vunnet"* (Første Mosebok 32:28). Da kunne Jakob også bli forenet med hans bror Esau.

Grunnen til at Gud valgte Jakob var på grunn av at han var så insisterende og oppriktig at han kunne bli en mektig kar gjennom prøvene, og spille en stor rolle i Israels historie.

Jakob hadde tolv sønner og de tolv sønnene la grunnlaget til å forme nasjonen Israel. Men på grunn av at de fremdeles bare var en slekt, planla Gud å plasere dem innenfor Egypts grenser, som var et mektig land, til den dagen hvor Jakobs etterkommere kunne bli en mektig nasjon.

Dette var planen til den kjærlige Gud som skulle beskytte dem fra andre nasjoner. Personen som ble betrodd dette enorme oppdraget var Josef som var den 11te sønnen til Jakob.

Blandt hans 12 sønner, var Jakob så forferdelig svak overfor Josef at han kledde ham inn i den mangefargete tunikaen o.s.v. Josef ble syndebukken for hans brors hat og sjalusi og ble solgt som slave til Egypt når han var 17 år gammel av hans bror. Men han klaget aldri eller foraktet ikke hans bror.

Josef ble solgt til Potifar huset, Faraos leder, kapteinens livvakt. Der arbeidet han iherdig og trofast og vant anerkjennelsen og tilliten til Potifar. Derfor ble Josef en oppsynsmann over Potifars hus og ble betrodd alt i husholdningen.

Men et problem oppsto. Josef var en kjekk mann i utseende og hans sjefs kone begynte å forføre ham. Josef var hederlig og fryktet virkelig Gud, så når hun prøvde å forføre ham, sa han rett ut til henne, *"Hvordan kan jeg gjøre denne ondskap og synde mot Gud?"* (Første Mosebok 39:9)

Etter alt dette, ved hennes ugrunnede beskyldninger, ble Josef fengslet på samme stedet som kongenes fanger satt innestengt. Selv i fengselet var Gud hos Josef, og med Guds tillit på hans side, hadde Josef ganske snart ansvaret for "alt det som ble gjort" i fengselet.

Fra slike steg underveis, kunne Josef få kunnskapen til å senere selv styre en nasjon, kultivere hans politiske stilling, og bli en stor person som kunne omfavne mange mennesker i sitt hjerte.

Etter at Faraos drømmer ble oversatt og de ofret kloke løsninger på problemene som Farao og hans folk måtte holde seg til, ble Josef styreren for Egypt etter Farao. Derfor ved Guds intense forsyn og gjennom de prøvene som ble gitt til Josef, plaserte Gud Josef i stillingen som visekonge da han var 30 år gammel i en av de mektigste nasjonene på den tiden.

Akkurat som Josef profeterte om Faraos drømmer, ble den Nære Østen iberegnet Egypt rammet av hungersnød, og siden han hadde gjort seg klar for en slik katastrofe, kunne Josef befri alle egypterne. Josefs brødre kom til Egypt på jakt etter mat, ble gjenforenet med deres bror og ikke så lenge etterpå flyttet resten av familien til Egypt hvor de bodde i velstand og la veien klar for begynnelsen av nasjonen Israel.

Moses: En Mektig Leder Som Gjorde Eksodus til en Realitet

Etter at de hadde bosatt seg i Egypt, vokste Israels etterkommere i antall og i velstand og ble ganske snart mektige og mangfoldige nok til å lage deres egen nasjon.

Når en ny konge som ikke kjente Josef, ble leder, begynte han å vokte seg for velstanden og styrken til Israels etterkommere. Kongen og dommere begynte snart å gjøre israelittenes liv ganske surt med hardt arbeide som mursteins muring og alt slags arbeide på åkeren, alt hardt arbeide som de strengt påtvinget dem (2. Mosebok 1:13-14).

Men, *"jo mere de plaget dem[isrealittene], dess mere tok de til, og dess mere bredte de seg ut"* (2. Mosebok 1:12). Farao ga snart ut en ordre om at alle Israelske gutter skulle bli drept ved fødselen. Når Han hørte israelittenes rop om hjelp på grunn av deres slaveri, husket Gud på Hans avtale med Abraham, Isak, og Jakob.

Jeg vil gi deg og din ætt etter deg det land hvor du bor som fremmed, hele Kana'ans land, til en evig eiendom; og jeg vil være deres Gud (Første Mosebok 17:8).

Og det land som jeg ga Abraham og Isak, det vil jeg gi deg; og din ætt etter det vil jeg gi landet (Første Mosebok 35:12).

For å kunne føre Israels sønner ut av deres tortur og bringe dem inn til landet Kana'an, forberedet Gud en mann som ville adlyde Hans befalinger betingelsesløst og føre Hans folk med hjelp av Hans hjerte.

Det individet var Moses. Hans foreldre gjemte Moses i tre måneder etter at han ble født, men når de ikke lenger kunne gjemme ham, la de ham i en stråkurv og plaserte ham blandt sivet ved Nilens elvebredde. Når Faraos datter oppdaget barnet i kurven og bestemte seg for å beholde ham som hennes egen, barnets søster som ikke sto langt unna for å se hva som ville skje med barnet anbefalte til Faraos' datter å beholde barnets biologiske mor som dens barnepleier.

Moses vokste derfor opp i det kongelige slottet og med hans biologiske mor. Han vokste opp og lærte derfor naturligvis om Gud og isralittene, hans eget folk.

En dag da han så en hebreisk kamerat som ble slått av en egypter, endte han med å drepe egypteren i sinne. Når dette ble ble kjent, flyktet Moses fra den tilstedeværende Farao og bosatte seg i landet Midian. Han beitet sauer i 40 år, og dette var en del av Guds forsyn som prøvde å trene Moses til en leder av Eksodus.

Når Gud hadde valgt ham, tilkalte Han Moses og befalte ham

til å lede isralittene ut av Egypt og inn i Kana'an, et land som fløt over av melk og honning.

Siden Farao hadde et hardt hjerte, hørte han ikke på Guds befaling gjennom Moses. På grunn av dette brakte Gud frem de Ti Plagene til Egypt og brakte isralittene ut av Egypt med makt.

Bare etter at deres førstefødte sønner hadde dødd knelte Farao og folket ned foran Gud slik at de Israelske menneskene kunne bli satt fri fra fra deres slaveri. Gud selv førte isralittene hvert eneste steg; Gud delte Røde Havet slik at de kunne krysse den på tørr bakke. Når de ikke hadde noe vann å drikke, lot Gud vann renne ut av en sten og når de ikke hadde noe mat å spise, sendte Gud noen manna og vakteler. Gud utførte disse miraklene og undrene gjennom Moses for å sikre seg at millioner av israelitter ville overleve i villmarken i 40 år.

Den trofaste Gud førte Israels folk inn til landet Kana'an gjennom Josva, Moses etterfølger. Gud hjalp Josva og hans folk med å krysse Jordan elven på Guds måte og bevilget dem erobringen av byen Jeriko. Og på Hans egen måte tillot Gud dem å erobre og ta i besittelse mesteparten av landet Kana'an som var overveldet med melk og honning.

Selvfølgelig var ikke erobringen av Kana'an bare Guds velsignelse for isralittene, men var også resultatet av Hans rettferdige dom mot innbyggerne i Kana'an som ble korrupte i synden og ondskapen. Innbyggerne i landet Kana'an ble forferdelig korrupte og ble tvunget til å stå opp mot dommen, og så i Hans rettferdighet førte Gud isralittene til å ta landet.

Akkurat som Gud fortalte Abraham, *"Og i det fjerde ættledd skal de komme hit igjen"* (Første Mosebok 15:16), Abrahams etterkommere Jakob og hans sønner dro fra Kana'an til Egypt, og bosatte seg der, og deres etterkommere dro tilbake til landet Kana'an.

David Etablerte et Mektig Israel

Etter erobringen av landet Kana'an, styrte Gud over Israel gjennom dommere og profeter i løpet av perioden med Dommernes Bok, og så ble Israel et kongerike. Under Kong Davids regjering, han som elsket Gud over alt annet, ble nasjonens grunnlag etablert.

I hans ungdom, drepte David en mektig filister kriger med en slynge og en stein, og i anerkjennelse av hans tjeneste på slagmarken var David satt over krigsmennene i hæren til Kong Saulus. Når David dro hjem etter tapet mot filisterne, sang mange kvinner når de spilte, og sa, "Saulus har slått ihjel hans tusener, og David hans titusener." Og alle isralittene begynte å elske David. Kong Saulus pønsket ut planer om å drepe David på grunn av sjalusi.

Midt i Saulus desperate forfølgelse hadde David to muligheter til å drepe kongen, men nektet å drepe kongen som Gud selv hadde gjort til kronprins. Han gjorde bare gode ting mot kongen. I en anledning, bøyde David hans ansikt til bakken, knelte seg selv ned, og sa til Kong Saulus, *"Men se, min far, se! Her er fliken av din kappe i min hånd! For når jeg skar fliken av din kappe og ikke drepte deg, så skal du vel skjønne og se at jeg ikke har hatt noe ondt eller noen misgjerning i sinne og ikke har forsyndet meg mot deg, enda du etterstrever meg og vil ta mitt liv"* (1. Samuels-bok 24:11).

David, en mann etter Guds eget hjerte, forfulgte godhetene i alle tingene, til og med etter at han ble konge. I løpet av hans regjering, styrte David hans kongedømme med rettferdighet og styrket kongerike. Når Gud spaserte med kongen, var David seirende i hans kamper mot naboene filisterne, moabittene, amalekittene, ammonittene, og edomittene. Han utvidet Israels områder og krigsbytte og tributtene bare økte rikdommen i Davids kongedømme. Derfor nøt han perioden med velstand.

David flyttet også Guds Ark ifølge avtalen til Jerusalem, satte opp prosedyren for å gi ofringer, og styrket troen i Gud HERREN. Kongen grunnla også Jerusalem som det politiske og religiøse senteret for kongedømme og laget alle forberedelsene for at det Hellige Tempelet til Gud kunne bli bygget under hans sønn Kong Solomons regjering..

Gjennom hele dens historie, var Israel den mektigste og beste under Kong Davids regjering, og Kong David var veldig beundret av hans folk og ga stor ære til Gud. På toppen av alt dette, hvor stor en forfader var David siden Messias måtte komme fra hans etterkommere?

Elias Bringer Isralittenes Hjerte Tilbake til Gud

Kong Davids sønn Solomon tilba idoler på hans siste dager og kongedømme ble derfor delt i to etter hans død. Blandt de

Tolv Stammene i Israel, ti av dem utgjorde Israels Kongedømme i nord, mens de andre resterende stammene utga Kongedømme i Judea i sør.

I Israels kongedømme, avslørte Profeten Amos og Hosea Guds vilje til Hans folk mens Profeten Esaias og Jeremias tjente til Gud i Judas Kongedømme. Når tiden kom for Han til å velge, sendte Gud Hans profeter og utfylte Hans vilje gjennom dem. En av dem var Profeten Elias. Elias holdt hans tjeneste for Gud under Kong Ahabs regjering i det nordlige kongedømme.

I Elias' tid, brakte Hedningen, dronning Jesabel Baal til Israel og idol forgudelse var florerende gjennom kongedømme. Den første misjonen som Profeten Elias måtte utføre var å fortelle Kong Ahab at det ikke ville bli noe regn i Israel for tre og et halvt år på grunn av Guds dom av deres idol forgudelse.

Når profeten ble fortalt at kongen og dronningen prøvde å drepe ham, flyktet Elias til Zarepath, som tilhørte Sidon. Han fikk en liten smule brød fra en enke der, og som gjengjeldelse for hennes tjeneste viste Elias de fantastiske velsignelsene til denne enken og hennes bolle med mel var ikke brukt opp og hennes glass med olje ble heller ikke tom til hungersnøden tok slutt. Senere vekket også Elias opp enkens døde sønn.

På toppen av Carmel Fjellet, kjempet Elias mot 450 profeter fra Baal og 400 profeter fra Asherah og hentet ned Guds ild fra himmelen. For å kunne snu Israelittenes hjerter vekk ifra idoler og lede dem tilbake til Gud, reparerte Elias alteret til Gud, helte vannet over ofringene og alteret, og ba iherdig til Gud.

"HERRE, Abrahams, Isaks og Israels Gud! La det idag bli vitterlig at du er Gud i Israel, og at jeg er din tjener, og at det er på ditt ord jeg har gjort alt dette! Svar meg HERRE, svar meg, så dette folk må kjenne at du, HERRE, er Gud, og at du nå vender deres hjerte tilbake til deg!" Da falt HERRENS ild ned og fortærte brennofferet og veden og stenene og jorden og slikket opp vannet som var i grøften. Og alt folket så det, og de falt ned på sitt ansikt og sa: "HERREN, Han er Gud! HERREN, Han er Gud!" Da sa Elias til dem: "Grip Baals profeter, la ingen av dem slippe herfra!" Og de grep dem, og Elias førte dem ned til bekken Kison og lot dem drepe der (1. Kongebok 18:36-40).

I tillegg brakte han regn ned fra himmelen etter tre og et halvt år med tørke, krysset Jordan Elven som om han spaserte på tørr bakke og profeterte om de tingene som skulle finne sted. Ved å åpenbare om Guds fantastiske makt, vitnet Elias til den levende Gud klart og tydelig.

2. Kongebok 2:11 sier, *"Mens de så gikk og talte sammen [Elias og Elisia], kom det med en gang en gloende vogn og gloende hester og skilte dem fra hverandre. Og Elias for i stormen opp til himmelen."* Fordi Elias tilfredstilte Gud med hans tro til den ytterste grad og mottok Hans kjærlighet og anerkjennelse, for Profeten opp til himmelen uten å dø.

Daniel Avslører Guds Ære til Nasjonene

To hundre og femti år senere, rundt 605 f. Kr., under Kong Jehoiakims tredje årets regjering, falt Jerusalem på grunn av Kong Nebuchadnezzars invasjon i Babylon og mange i den kongelige familien i Judeas Kongedømme ble tatt til fange.

Som en del av Nabuchadnezzars forsonings politikk, befalte kongen Ashpenaz, lederen av hans tjenestemenn, til å bringe inn noen av Israles sønner, medberegnet noen fra kongefamilien og fra de adelige, ungdom som ikke manglet noe, som var kjekke og se på, viste intelligens i hvert eneste kunnskaps område, utstyrt med forståelse og forstandig kunnskap, og som kunne tjene i kongens rettsal. Og kongen befalte dem om å lære dem literaturen og språket til kaldeerne og blandt disse ungdommene var Daniel (Daniel 1:3-4).

Men Daniel ble enig med seg selv om at han ikke ville sverte seg selv med kongens valgte mat eller med vinen som han drakk, og spurte om tillatelse fra ledernes kommandør om at han kunne la være og sverte seg selv (Daniel 1:8).

Selv om han var en krigsfange, mottok Daniel Guds velsignelser siden han fryktet Ham i alt han gjorde i livet. Gud ga Daniel og hans venner kunnskap og intelligens på hver eneste måte av literaturen og kunnskapen. Daniel til og med forsto alle slags syn og drømmer (Daniel 1:17).

Det er på grunn av dette at han begynte å få fordeler og anerkjennelse fra kongene selv om kongedømmene ble forandret. Da de innså Daniels utrolige ånd, strede Kong Darius av Persia med å velge ham til å styre over hele kongedømme. Da ble en gruppe med dommere sjalue på Daniel og begynte å se etter noe å anklage ham for med hensyn til regjerings saker. Men de kunne ikke finne noen ting å anklage ham for eller noe bevis om korrupsjon.

Når de lærte at Daniel ba til Gud tre ganger om dagen, kom embetsmenn og satrapere til kongen og anbefalte ham om å lage en vedtekt om at alle de som ville begjære noen annen gud eller mann for uten kongen i en måned skulle bli kastet inn i løvens hule. Daniel sviktet ikke; selv om han kanskje kunne miste hans rykte, høye stilling, og livet i løvens hule, han fortsatte med å be mot Jerusalem, akkurat som han hadde gjort før.

Ved kongens ordre ble Daniel kastet inn til løvenes hule, men fordi Gud hadde sendt Hans engler og lukket løvenes munn, ble Daniel uskadd. Når Kong Darius hørte dette skrev han til alle folkene, nasjonene og mennene i alle språk som bodde i alle landene rundt omkring og lot dem synge prisninger og gi ære til Gud:

> *Jeg gir hermed det bud at alle folk il hele mitt kongerikes område skal skjelve og frykte for Daniels Gud; For Han er den levende Gud og blir i evighet, og Hans rike ødelegges ikke, og Hans herredømme varer inntil enden. Han frelser og utfrir og gjør tegn og under i himmelen og på jorden – Han som frelste Daniel av lovenes vold* (Profeten Daniel 6:26-27).

I tillegg til troens forfedre som hadde stor anseelse i den Gud som er nevnt ovenfor, var det ikke noe antall papir eller blekk som skikkelig kunne beskrive troens gjerninger som Gideon, Barak, Samson, Jephthah, Samuel, Esaia, Jeremias, Esekiel, Daniels tre venner, Ester, og alle profetene som ble navngitt i Bibelen.

Mektige Forfedre For Alle Nasjonene På Jorden

Fra de tidligere dagene i nasjonen Israel, chartret og styrte Gud personlig kursen til dens historie. Hver gang det ble krise i Israel, leverte Gud dem gjennom profetene som Han hadde forberedt, og styrte historien til Israel.

Derfor i ulikhet med noen annen nasjon, Israels historie har utfoldet seg ifølge Guds forsyn fra Abrahams dager og ville fortsette med å utfolde seg ifølge Guds plan helt til tidens ende.

For Gud å utnevne og bruke troens fedre blandt Israels folk for Hans forsyn og plan var ikke bare for Hans valgte isralittene, men også for alle menneskene over alt som tror på Gud.

Abraham skal jo bli et stort og tallrikt folk, og alle jordens folk skal velsignes i ham (Første Mosebok 18:18).

Gud ønsker at "alle nasjonene på jorden," skal bli Abrahams barn ved troen og om å motta Abrahams velsignelser. Han har ikke bare mottat velsignelser bare for Hans valgte, israelittene. Gud lovte Abraham i Første Mosebok 17:4-5 at han ville bli faren til mangfoldige nasjoner, og i Første Mosebok 12:3 at alle familiene på jorden vil bli velsignet av ham og i Første Mosebok 22:17-18 at alle nasjonene på jorden vil bli velsignet i hans frø.

Det vil også si at gjennom Israels historie, har Gud åpnet veien hvor alle nasjonene på jorden vil kunne vite at bare Gud HERREN er den sanne Gud, tjene Ham, og blir Hans sanne barn som elsker Ham.

Jeg bød meg frem for dem som ikke spurte; jeg var å finne for dem som ikke søkte meg; jeg sa til et hedningefolk som ikke var kalt med mitt navn: Se, her er Jeg, her er Jeg (Profeten Esaias 65:1).

Gud forberedte mektige forfedre og har personlig ført dem og styrt Israels historie for å tillate både Hedningene og Hans valgte israelitter å rope på Han. Gud hadde utført historien angående menneskenes kultivasjon helt til da, men nå hadde Han funnet på en annen fantastisk plan slik at Han kunne gi forsynet til menneskenes kultivasjon også til hedningene. Det er på grunn av dette at når tiden kom for når Han skulle velge, Gud sendte Hans Sønn inn i landet Israel ikke bare som Israels Messias, men som alle menneskers Messias.

Mennesker Som Vitner til Jesus Kristus

I løpet av historien om menneskenes kultivasjon, var Israel alltid i midten av Guds forsyns fullførelse. Gud avslørte Seg Selv til troens fedre, lovte dem om ting som ville skje, og fullførte dem akkurat som Han hadde lovt dem. Han fortalte også isralittene at Messias ville komme fra Judeas stammen og Davids hus og ville frelse alle nasjonene på jorden.

Derfor har israelittene ventet på Messias som det hadde blitt profetert om i det Gamle Testamentet. Messias er Jesus Kristus. Menneskene som tror på judaisme kjenner selvfølgelig ikke igjen Jesus som Guds Sønn og Messias, men istedenfor venter de fremdeles på Hans tilbakekomst.

Men Messias som Israel venter på og Messias som resten av dette kapittelet er skrevet om er en og den samme.

Hva sier menneskene om Jesus Kristus? Hvis du undersøker om Messias forkynnelse og deres oppfyllelse, og Messias kvalifikasjoner, vil du bare bekrefte om det faktum at Messias som Israel har lengtet etter er ingen andre enn Jesus Kristus.

Paulus, Jesus Kristus Forfølger Som Blir Hans Disippel

Paulus var født i Tarsus, Cilicia, i det moderne Tyrkia, for omkring 2,000 år siden, og hans fødselsnavn var Saulus. Saulus var omskjært den åttende dagen etter fødselen, av Israels nasjon, av stammen til Benjamin, og en hebreersk hebreer. Saulus ble funnet uskyldig ifølge rettferdigheten som er Loven. Han var også opplært under Gamaliel, en av Lovens lærere som var respektert av alle mennesker. Han levde fullstendig etter loven fra hans fedre og hadde det Romerske Keiserdømmes statsborgerskap som var det mektigste landet i verden på den tiden. Det vil si, Saulus manglet ikke noe når det kom til hans familie, avstamning, kunnskap, rikdom, og hva innflytelse angikk.

Fordi han elsket Gud over alt annet, forfulgte Saulus Jesus Kristus etterfølgere. Det var fordi han hørte at de kristne påsto at den korsfestede Jesus var Guds Sønn og Frelseren og at Jesus sto opp fra de døde den tredje dagen etter Hans begravelse, Saulus så på det som å være ensbetydende med gudsbespottelse av Selve Gud.

Saulus trodde også at Jesus Kristus tilhengere fremstilte en trussel til den fariseiske judaismen som han fulgte veldig intenst. På grunn av dette forfulgte og ødela Saulus kirken nådesløst og tok ledelsen med å fange de som trodde på Jesus Kristus.

Han fengslet mange kristne og kastet dommer mot dem når de ble drept. Han straffet også de troende i alle synagogene, prøvde å tvinge dem til å gjøre gudsbespottelse mot Jesus Kristus der, og fortsatte med å forfølge dem selv til utenlandske byer.

Da gjennomlevde Saulus en utrolig erfaring hvor hans liv ble fullstendig snudd opp-ned. På vei til Damaskus, kom det plutselig et lys ifra himmelen som blinket rundt ham.

"Saulus, Saulus, hvorfor forfølger du Meg?"
"Hvem er du Herre?"
"Jeg er Jesus som du forfølger."

Saulus sto opp fra bakken, men han kunne ikke se noe; menneskene brakte ham inn til Damaskus. Han oppholdt seg der i tre dager uten å bli sett. Han hverken spiste eller drakk. Etter hans episode, kom Herren til syne i en åpenbaring til en disippel ved navnet Ananias.

Stå opp og gå bort i de gatene som kalles den rette, og spør i Judas' hus etter en som heter Saulus, fra Tarsus! for se han ber, og han har i et syn sett en mann ved navn Ananias, som kom inn til ham og la hånden på ham forat han skulle få sitt syn igjen ... Gå avsted! For han er meg et utvalgt redskap til å bære mitt navn frem både for hedninger og konger og for israels barn; for jeg vil vise ham hvor meget han skal lide for mitt navn skyld (Apostlenes gjerninger 9:11-12; 15-16).

Når Ananias la hans hånd og ba for Saulus, falt det med en gang ned noe som lignet flak og han fikk sitt syn tilbake. Etter møtet med Herren, innså Saulus hans synder fullstendig, og forandre navnet sitt til "Paulus," som menes "en liten mann." Fra dette tidspunktet, ba Paulus veldig åpenlyst til Hedningene om den levende Gud og evangeliet til Jesus Kristus.

> *Jeg kunngjør dere, brødre, at det evangelium som er blitt forkynt av meg, ikke er menneske-verk; For heller ikke jeg har mottat det eller lært det av noe menneske, men ved Jesu Kristi åpenbaring. Dere har jo hørt hvorledes jeg fordum levde som jøde, at jeg over all måte forfulgte Guds menighet og ødela den, og jeg gikk videre i jødedommen enn mange jevnaldrende i mitt folk, jeg var enda mere nidkjær for mine fedrene lærdommer. Men da han utvalgte meg fra mors liv og kalte meg ved sin nåde, etter sin vilje åpenbarte sin Sønn i meg, forat jeg skulle forkynne evangeliet om Ham blandt hedningene, da samrådde jeg meg ikke med kjøtt og blod, heller ikke dro jeg opp til Jerusalem til dem som var apostler før meg; men jeg dro straks bort til Arabia og vendte tilbake til Damaskus* (Paulus' brev til galaterne 1:11-17).

Til og med etter at han hadde møtt Herren Jesus Kristus og forkynt om evangeliet, tålte Paulus alle slags lidelser som ikke riktig kan bli beskrevet med ord. Paulus ofte fant seg selv med mye mere arbeide, mye mere fangenskap, slått utallige ganger, ofte i dødsfare, gjennom mange søvnløse netter, i sult og tørsthet, ofte uten mat, i kulde og i skandale (Paulus' annet brev til korintierne 11:23-27).

Han kunne lett ha levet et velstående og komfortabelt liv med hans status, myndighet, kunnskap, og visdom, men Paulus ga opp alt sammen og overlot alt han hadde bare for Herren.

> *Men sist av alle ble han og sett av meg som det ufullbårne foster; for jeg er den ringeste av apostlene og er ikke verd og kalles apostel, fordi jeg har forfulgt Guds menighet; Men av Guds nåde er jeg det jeg er, og hans nåde mot meg har ikke vært forgjeves, men jeg har arbeidet mere enn de alle, men ikke jeg, men Guds nåde som er med meg* (Paulus' 1. brev til korintierne 15:9-10)

Paulus kunne lage denne modige tilståelsen fordi han hadde hatt en veldig virkelig erfaring da han møtte Jesus Kristus. Herren møtte ikke bare Paulus på veien til Damaskus, men bekreftet også Hans tilstedeværelse med Paulus ved å åpenbare vidunderlig drivende krefter.

Gud utførte ekstraordinære mirakler ved Paulus hender, slik at lommetørkler eller forklær ble til og med bært fra hans kropp til de syke, og sykdommene forlot dem og de onde åndene ble borte. Paulus brakte også en ung mann ved navnet Eutychus tilbake til livet etter at han hadde falt ned fra tredje etasje og ble plukket opp død. Å bringe en død person tilbake til livet er ikke mulig uten Guds makt.

Det Gamle Testamentet nevner at Profeten Elias brakte den døde sønnen til en enke i Zarephat tilbake til livet og Profeten Elisja gjenopplivet gutten til en velstående kvinne i Shunem.

Akkurat som salmisten skrev det i Salmenes bok 62:12, *"En gang har Gud talt, ja to ganger har jeg hørt det. At styrke hører Gud til,"* Guds makt er gitt til Guds menn.

I løpet av hans tre misjonær reiser, etablerte Paulus grunnlaget for å forkynne evangeliet til Jesus Kristus til alle nasjonene ved å bygge kirker mange steder i Asia og Europa iberegnet Lilleasia og Grekenland. Veien til Jesus Kristus' evangeliet ble derfor åpnet og forkynnet til alle verdens delene og utallige sjeler ville bli frelst.

Peter Åpenbarer Stor Makt og Frelser Mangfoldige Sjeler

Hva kan vi si om Peter som sto i spissen for innsatsen med å forkynne evangeliet til jødene? Han var en helt vanlig fisker før han møtte Jesus, men etter at han ble kallet på av Jesus og var direkte vitne til fantastiske ting som Jesus gjorde, ble Peter en av Hans beste disipler.

Når Peter så Jesus åpenbare den slags makt som ingen annet menneske kunne noengang etterligne, det vil si å åpne øynenen til de blinde, få de lamme til å stå, vekke opp de døde, så Jesus gjøre gode gjerninger, og så Jesus dekke menneskers svakheter og transgresjoner, Peter kunne nå tro at 'Han kom virkelig ifra Gud.' I Matteus 16 kan vi finne denne tilståelsen.

"Hvem sier du at jeg er?" (v. 15) *"Du er Kristus, Sønnen til den levende Gud"* (v. 16).

Da skjedde det noe utrolig med Peter som ga en slik modig

tilståelse som den ovenfor. Peter tilsto til og med til Jesus på nattverdsmåltidet, *"Selv om alt kanskje vil bli borte på grunn av Deg, vil jeg aldri bli borte"* (Matteus 26:33). Men den natten som Jesus ble fanget og korsfestet, nektet Peter tre ganger på grunn av at han fryktet døden, at han kjente Jesus.

Etter at Jesus oppsto og gikk opp til himmelen, mottok Peter den Hellige Ånd og ble omgjort på en fantastisk måte. Han viet hver eneste del av sitt liv til forkynnelse av evangeliet om Jesus Kristus uten at han fryktet døden. En dag var det 3,000 mennesker som angret og som ble døpt når han modig forsikret dem om Jesus Kristus. Selv før de jødiske lederne som truet med å ta hans liv, bekjentgjorde han modig at Jesus Kristus er vår Herre og Frelser.

> *"Omvend dere, og enhver av dere la seg døpe på Jesu Kristi navn til syndenes forlatelse, så skal dere få den Hellige Ånds gave! For løfte hører dere til og deres barn og alle dem som er langt borte, så mange som Herren vår Gud kaller til"* (Apostlenes gjerninger 2:38-39).

> *"Han er den stein som ble forkastet av dere, dere bygningsmenn, men som er blitt hjørnestein. Og det er ikke frelse i noen annen; for det er heller ikke noe annet navn under himmelen, gitt blandt mennesker, ved hvilket vi skal bli frelst"* (Apostlenes gjerninger 4:11-12).

Peter viste Guds makt ved å åpenbare mange tegn og under. På Lydda helbredet Peter en mann som hadde vært lammet i åtte år, og på Joppa i nærheten, vekket han opp Tabitha som hadde blitt syk og dødd. Peter lot også den lamme stå opp til å gå, helbredet mennesker som led av mange forskjellige sykdommer, og drev ut demoner.

Guds makt ledsaget Peter så mye at mennesker bærte til og med de syke ut i gatene og la dem på feltsenger og provisoriske senger fordi de trodde at når Peter kom forbi ville kanskje hans skygge falle på hvem som helst av dem (Apostelenes gjerninger 5:15).

I tillegg, avslørte Gud til Peter gjennom syn at frelsens evangelie skulle bringes til Hedningene. En dag når Peter dro opp til hustaket for å bem følte han seg sulten og ønsket å spise litt. Mens maten ble laget, falt Peter inn i en transe og så himmelen åpne seg, og en gjenstand som lignet et stort laken kom ned. Det var alle slags firbente dyr og krypende ting fra jorden og fugler i luften (Apostlenes gjerninger 10:9-12). Peter hørte da en stemme.

"Stå opp, Peter! Slakt og et!" (v. 13) *"Ingenlunde, Herre! Aldri har jeg ett noe vannhelig eller urent"* (v. 14). *"Det som Gud har renset, det må ikke du gjøre til urent"* (v. 15).

Dette skjedde tre ganger, og alt ble dratt tilbake opp i himmelen. Peter kunne ikke forstå hvorfor Gud befalte ham om å spise noen som var sett på som "urent" av Moses loven. Mens Peter tenkte tankefullt på synet, fortalte den Hellige Ånden ham, *"Se, tre menn leter etter deg. Stå opp og gå ned, og dra med dem uten å tvile! For det er Jeg som har sendt dem"* (Apostlenes gjerninger 10:19-20). De tre mennene kom på vegne av Hedningen Cornelius som sendte etter Peter for å komme til hans hus.

Gjennom hans syn, avslørte Gud til Peter at Gud ville at Hans barmhjertighet også skulle bli forkynnet til Hedningene, og anbefalte Peter om å spre evangeliet til Herren Jesus Kristus til dem. Peter var så takknemlig til Herren som fortsatte å elske ham helt til slutten og overlot et hellig oppdrag til ham som Hans disippel selv om han hadde nektet Ham tre ganger, at han sparte ikke på noe i livet og ledet heller mangfoldige sjeler frelsens vei, og døde som er martyr.

Apostelen Paulus Profeterer de Siste Dagene ved Jesus Kristus Åpenbaring

Johannes var tidligere en fisker i Galilea, men etter at Jesus hadde kalt på ham, spaserte Johannes alltid med Ham og var vitne til Hans manifestering av tegn og under. Johannes så Jesus omgjøre vann til vin i et bryllup i Cana, og helbredet mangfoldige syke mennesker medberegnet en person som hadde vært syk i 38 år, drive ut demoner fra mange, og åpne øynene til den blinde. Johannes var også vitne til at Jesus gikk på vannet og brakte tilbake til livet Lasarus som hadde vært død i fire dager.

Johannes fulgte Jesus når Jesus ble forvandlet (Hans ansikt skinte som solen, og Hans klesplagg ble like hvite som lys) og pratet med Moses og Elias på toppen av Fjellet med Forvndlingen. Til og med når Jesus tok Hans siste åndedrag på korset, hørte Johannes at Jesus pratet til Jomfru Maria og han selv: *"Kvinne, se din sønn!"* (Johannes' evangeliet 19:26) *"Se, din mor!"* (Johannes' evangeliet 19:27)

Med disse tre siste ordene som Jesus sa på korset, trøstet Jesus i fysisk form Maria som hadde vært gravid med Ham og født Ham, men på en åndelig måte kunngjore Han for alle menneskene at alle troende er brødre, søstre, og mødre.

Jesus refererte aldri til Maria som Hans "mor." Akkurat som Jesus Guds Sønn er Selve Gud på en måte, ingen kunne ha født Ham og Han kunne ikke ha en mor. Grunnen til at Jesus fortalte Johannes, "Se, din mor!" var på grunn av at Johannes skulle tjene til Maria som om hun var hans mor. Fra da av tok Johannes Maria inn til sitt hjem og tjente til henne som om hun var hans mor.

Etter Jesus' oppstandelse og oppstigning, forkynte han ivrig om evangeliet til Jesu Kristus sammen med andre disippler til tross for de evige trusslene mot jødene. Gjennom deres ivrige forkynnelse av evangeliet, erfarte den Tidligere Kirke fantastiske oppvekkelser, men samtidig ble disipplene hele tiden forfulgt.

Apostelen Johannes ble forhørt i jødenes rådsforsamling og senere ble han kastet inn i kokende olje av den Romerske Keiseren Domitian. Men Johannes led ikke av det i det hele tatt på grunn av Guds makt og forsyn, og Keiseren kastet ham ut til de Greske øyene Patmos i Middelhavet. Der kommunikerte Johannes med Gud i bønn og ved inspirasjon av den Hellige Ånd og ledelsen av engler, så han mange dype syn og skrev ned åpenbaringen av Jesus Kristus.

Jesu Kristi Åpenbaring, som Gud ga ham for at han

skulle vise sine tjenere det som snart skal skje; og han sendte bud ved sin engel og kunngjorde det i tegn for sin tjener Johannes (Johannes åpenbaring 1:1).

Med inspirasjonen av den Hellige Ånd, skrev Apostelen Johannes i detaljer om ting som ville skje de siste dagene slik at alle mennesker kunne akseptere Jesus deres Frelser og berede seg selv til å motta Ham som Kongen av alle konger og Herren av alle herrer ved Hans Annen Tilbakekomst.

Medlemmer av den Tidlige Kirken Holder Fast på Dere Tro

Når den oppstående Jesus dro opp til himmelen, lovte Han sine disipler at Han vill komme tilbake på samme måte som de så Han dro inn til himmelen.

De mangfoldige vitnene til Jesus' oppstandelse og oppførelse til himmelen innså at de også kunne oppstå og ikke lenger fryktet døden. Det er slik de kunne leve livet deres som Hans vitner i det truende ansiktet og undertrykkelse av verdens ledere og forfølgelsen som ofte kostet dem livet. Ikke bare Jesus' disipler som hadde tjent Ham under Hans offentlige prestetjeneste, men også mange andre ble bytte til løvene på Colosseumet i Roma, ble halshugget, korsfestet, og brent til aske. Men de alle holdt fast på deres tro i Jesus Kristus.

Da forfølgelsen mot de kristne ble verre, gjemte medlemenne fra den Tidligere Kirken seg i Romas' katakomber, kjent som en "undergrundens begravelses steder." Livene deres var miserable; det var akkurat som om de ikke virkelig levde. Men fordi de hadde en lidenskapelig og virkelig kjærlighet for Herren, fryktet de ingen slags prøvelser og torturer.

Før kristendommen ble offisielt godkjent i Roma, var undertrykkelsen mot de kristne veldig sterk og grusom utenom all beskrivelse. De kristne ble tatt ifra deres statsborgerskap, Bibelene og kirkene ble brendt ned, og kirkelederne og arbeiderne ble arresterte, brutalt torturert, og drept.

Polycarp i Smyrna kirken i Lilleasia hadde det personlige fellesskapet med Apostelen Johannes. Polycarp var en trofast biskop. Når Polycarp ble arrestert av de romerske lederne og stod foran Guvernøren, forlot han ikke troen sin.

"Jeg vil ikke vanære deg. Gi ordre om å drepe de kristne og jeg vil løslate deg. Forbanne Kristus!"

"For 86 år har jeg vært Hans tjener, og Han har ikke gjort meg noe vondt. Hvordan kan jeg gudsbespotte min Konge som har frelset meg?"

De prøvde å drepe han ved å brenne ham, men fordi det ikke lykkes dem, døde biskopen i Smyrna, Polycarp, en martyrdød etter at han hadde blitt slått ihjel. Når mange andre kristne var vitne til og hørte Polycarps førende tro og hans martyrdom, begynte de å forstå Lidenskapen til Jesus Kristus bare mere, og valgte selv veien med martyrdommen.

> *Isralittiske menn! Se dere vel for hva dere gjør med disse mennesker! For noen tidsiden fremstod Teudas, som sa seg å være noe, og omkring fire hundre menn slo seg sammen med ham. Han ble drept, og alle de som lød ham, spredtes og ble til intet. Etter ham fremsto Judas fra Galilea i skatteutskrivningens dager og forførte folket til å følge seg; også han omkom, og alle de som lød ham, ble spredt. Og nå sier jeg dere: Hold dere fra disse menn og la dem være i fred! For er dette råd eller dette verk av mennesker, da skal det gå til grunne, men er det av Gud, vil dere ikke kunne ødelegge dem. Vokt dere at dere ikke må finnes stridende mot Gud* (Apostlenes gjerninger 5:35-39).

Da den berømte Gamaliel oppfordret og minnet menneskene i Israel på det vi pratet om ovenfor, kunne det ikke overbalansere evangeliet til Jesus Kristus som kom fra selve Gud. Til slutt i 313 e.Kr., anerkjente Keiseren Constantine kristendommen som den offisielle religionen for hans keiserdømme og evangeliet til Jesus Kristus begynte å bli forkynnet til hele verden.

Skriften om Jesus som ble Skrevet ned i Pilatius Rapporten

Blandt de historiske dokumentene fra det Romerske

Keiserdømmets tid, er det et manuskript om Jesus' oppståelse hvor Pontius Pilatus, Governøren av den Romerske Staten Judea under Jesus' tid, skrev og sendte det til Keiseren.

Det følgende sitatet er et utdrag fra oppståelses begivenheten av Jesus fra "Pilatius Rapport til Caesar angående Pågripelsen, Prøven, og Korsfestelsen av Jesus," for tiden oppbevart i Hagia Sophia i Istanbul, Tyrkia:

> Et par dager etter at graven ble funnet tom, erklærte Hans disipler over hele landet at Jesus hadde oppstått fra de døde, som Han hadde forutsagt. Dette skapte til og med mere oppstemthet enn selve korsfestelsen. Jeg kan ikke med sikkerhet si om dette er sant eller ikke, men jeg har gjort noen undersøkelser om saken; så du kan se for deg selv, og se om jeg tar feil, akkurat som Herod fremstiller.
>
> Josef begravde Jesus i hans egen grav. Om han planla Hans oppstandelse eller planla å lage en annen for seg selv vet jeg ikke. Dagen etter at Han ble begravet kom en av prestene til pretorium og sa at at de var bekymret for at Hans disipler hadde planer om å stjele kroppen til Jesus og gjemme den, og så la det se ut som om Han hadde oppstått fra de døde, som Han hadde forutsagt, og som de var fullstendig overbevist om.
>
> Jeg sendte Ham til lederen av den kongelige vokteren (Malcus) for å fortelle ham til å ta de jødiske soldatene,

plassere så mange som mulig rundt graven som mulig; så hvis noe skule skje kunne de klandre seg selv og ikke de romerske.

Når den store opphisselsen kom angående den tomme graven, følte jeg en dypere bekymring enn noen gang før. Jeg sendte bud på denne mannen Islam, som fortalte meg så nærme som mulig om det jeg kan huske under de følgende omstendighetene. De så et svakt og vakkert lys over graven. Han trodde først at kvinnene hadde kommet for å omfavne kroppen til Jesus, som var tradisjonen deres, men han kunne ikke forstå hvordan de hadde kommet seg forbi vaktene. Mens disse tankene for gjennom hans sinn, ble hele stedet opplyst og det virket som om det var folkemengder av de døde i deres begravelses klær.

Det virket som om alle ropte og var fyllt av ekstase, mens det rundt hele og ovenfor var den mest vakre musikken han noensinne hadde hørt og hele luften virket som om den var full av Guds velsignede stemmer. Hele tiden virket det som om jorden snurret og svømte rundt som gjorde at han virket dårlig og svimmel og han kunne ikke stå på hans føtter. Han sa at det virket som om jorden svømte under ham, og hans følelser forlot ham, så han visste ikke akurat hva som hadde skjedd.

Akkurat som vi leste i Matteus 27:51-53, *"Jorden skalv og klippene revnet. Gravene åpnedes, og mange av de hensovede helliges legemer stod opp, og de gikk ut av gravene etter hans oppstandelse, og kom inn i den hellige stad og viste seg for mange,"* ga de romerske vaktene det samme vitnemålet.

Etter at han skrev ned vitnemålene til de romerske vaktene som hadde vært vitne til det åndelige fenomen, bemerket Pilatus mot slutten av hans rapport, "Jeg er nesten klar til å si: 'Sannelig var dette Guds Sønn.'"

Mangfoldige Vitner til Herren Jesus Kristus

Ikke bare Jesus disipler som hadde tjent Ham under Hans offentlige prestetjeneste var vitne til evangeliet til Jesus Krsitus. Akkurat som Jesus sa i Johannes 14:13, *"Samme hva du spør om i Mitt navn, det vil jeg gjøre, slik at Faderen kan bli æret i Sønnen,"* mangfoldige vitner har mottat Guds svar på deres bønner og vært viten til den levende Gud og Herren Jesus Kristus siden Hans oppstandelse og oppstigning til himmelen.

Men dere skal få kraft idet den Hellige Ånd kommer over dere, og dere skal være mine vitner både i Jerusalem og i hele Judea og Samaria og like til jordens ende (Apostlenes gjerninger 1:8).

Jeg akseptere Herren etter at jeg ble helbredet av Guds makt av alle mine sykdommer som den medisinske vitenskapen hadde vært fullstendig hjelpesløs. Senere ble jeg utpekt til å bli en tjener for Herren Jesus Kristus og har forkynnet evangeliet til alle menneskene og vist tegn og undere.

Akkurat som det ble lovet i verset ovenfor, har mange mennesker blitt Guds barn ved å motta den Hellige Ånd og gitt deres liv til å forkynne evangeliet til Jesus Kristus med makten til den Hellige Ånd. Det er slik evangeliet har blitt spredd til hele verden og mangfoldige mennesker idag møter den levende Gud og aksepterer Jesus Kristus.

> *Gå ut i all verden og forkynn evangeliet for alle skapninerg! den som tror og blir døpt, skal bli frelst; men den som ikke tror, skal bli fordømt. Og disse tegn skal følge dem som tror: I mitt navn skal de drive ut onde ånder, de skal tale med tunger, de skal ta slanger i hendene, og om de drikker noe giftig, skal det ikke skade dem; på syke skal de legge sine hender, og de skal bli helbredet* (Markus' evangeliet 16:15-18).

Den Hellige Grav Kirken på Golgata, Calvary Hill, i Jerusalem

2 kapittel

Den Messias Som Var Sendt av Gud

Gud Gir et Løfte om Messias

Israel mistet ofte deres mektighet og måtte lide av invasjoner og regler i likhet med hva de hadde i Persia og Roma. Gjennom Hans profeter, ga Gud mange løfter om Messias som ville bli Israels Konge. Det ville ikke ha vært noe bedre håp for de plagede israelittene enn Guds løfte om Messias.

> *For et barn er oss født, en sønn er oss gitt, og herredømmet er på hans skulder, og han kalles under, rådgiver, veldig Gud, evig Fader, fredsfyrste. Så skal herredømme bli stort og freden bli uten ende under Davids trone og under hans kongerike; det skal bli støttet og oppholdt ved rett og rettferdighet, fra nå av og til evig tid; Herrens, hærskarenes Guds nidkjærhet skal gjøre dette* (Profeten Esaias 9:6-7).

> *"Se, dager kommer, sier Herren, da jeg vil la stå frem for David en rettferdig spire, og han skal regjere som konge og gå frem med visdom og gjøre rett og rettferdighet i landet. I Hans dager skal Juda bli frelst, og Israel bo trygt; Og dette er det navn som Han skal kalles med: 'Herren, vår rettferdighet'"*

(Profeten Jeremias 23:5-6).

Fryd deg storlig, Sions datter! Rop høyt, Jerusalems datter! Se, din konge kommer til deg, rettferdig er Han og full av frelse, fattig og ridende på et asen, på aseninnens unge fole. Og jeg vil utrydde vognene i Efra'im og hestene i Jersualem, og alle krigsbuer skal utryddes, og han skal tale fred til hedningene, og hans herredømme skal nå fra hav til hav og fra elven til jordens ender (Profeten Sakarias 9:9-10).

Israel har ventet på Messias uten stopp helt til denne dagen. Hva er forsinkelsen på den kommende Messias som Israel ivrig venter på og ser frem til? Mange jøder vil ha svaret på dette spørsmålet, men svaret ligger i det faktum at de ikke vet at Messias har allered kommer.

Messias Jesus Led Akkurat som det ble Profetert av Esaias

Den Messias som Gud hadde lovet Israel og som Han virkelig sendte var Jesus. Jesus var født i Betlehem i Judeas rundt to tusen år tilbake og når tiden kom, døde Jesus på korset, oppsto, og åpnet veien til frelse for alle mennesker. Men jødene på Hans tid anerkjente ikke Jesus som Messias, Han som de hadde ventet på. Det var på grunn av at Jesus så helt forskjellig ut ifra det bilde som de hadde forventet at Messias skulle se ut.

Jødene ble trette av de lange periodene med kolonirike, og forventet at en mektig Messias skulle ta dem vekk fra deres politiske uenigheter. De trodde at Messias ville komme som Israles Konge, stoppe alle krigene, redde dem fra forfølgelse og undertrykkelse, gi dem en sann fred, og gjøre dem større enn alle nasjonene.

Men Jesus kom ikke til denne verdenen med prakt og majestetisk storslagenhet sømmelig for en kongelig, men ble født som sønnen til en fattig byggmester. Han kom ikke engang for å sette Israel fri fra Romas' undertrykkelse eller for å gjenopprette dens tidligere ære. Han kom til denne verdenen for å gjenopprette menneskene som hadde vært dødsdømt siden Adams' synd og for å gjøre dem Guds barn.

På grunn av disse grunnene, anerkjente jødene ikke Jesus som Messias men korsfestet Ham istedenfor. Men hvis vi undersøker litt om Messias avbilde som det ble skrevet om i Bibelen, kan vi bare erkjenne det faktum at Messias virkelig er Jesus.

> *Han skjøt opp som en kvist for hans åsyn og som et rotskudd av tørr jord; Han hadde ingen skikkelse og ingen herlighet, og vi så Ham, men Han hadde ikke et utseende så vi kunne ha vår lyst i Ham. Foraktet var Han og forlatt av mennesker, en mann full av piner og vel kjent med sykdom, Han var som en som folk skjuler sitt åsyn for, foraktet, og vi aktet Ham for intet* (Profeten Esaias 53:2-3).

Gud fortalte israelittene at Messias, Israels Konge, ikke ville ha noen statelig form eller majestet eller utseende for å tiltrekkes oss, men at Han istedenfor ville bli hatet og sviktet av menneskene. Men isralittene mislykkedes fremdeles med å erkjenne Jesus som Messias som Gud hadde lovet dem.

Han var foraktet og sviktet av Guds valgte, isralittene, men Gud satte Jesus Kristus over alle nasjonene og utallige mennesker har idag akseptert Ham som deres Frelser.

Som det ble skrevet i Salmenes bok 118:22-23, *"Den sten som bygningsmennene forkastet, er blitt hovedhjørnesten. Av HERREN er dette gjort, det er underfullt i våre øyne,"* forsynet med menneskenes frelse har blitt oppnådd av Jesus som Israel forlot.

Jesus så ikke ut som en Messias som menneskene i Israel hadde forventet å se, men vi kan forstå at Jesus er Messias han som Gud profeterte gjennom Hans profeter.

Alt inkludert ære, fred, og oppbyggelse som Gud lovte oss gjennom Messias angår den åndelige verdenen og Jesus som kom hit til denne verdenen for å fullføre arbeidet til Messias sa, *"Mitt kongerike er ikke i denne verdenen"* (Johannes' evangeliet 18:36).

Den Messias som Gud profeterte om var ikke en konge med verdslig makt og ære. Messias kom ikke hit til verdenen så Guds barn kunne nyte rikdom, berømmelse, og ære i løpet av deres midlertidige liv i denne verdenen. Han skulle komme for å frelse Hans folk fra deres synder og for å lede dem til å nyte evig glede og ære i himmelen i all evighet.

På den tid skal hedningefolkene søke til Isais rotskudd, som står som et banner for folkeslag, og hans bolig skal være herlighet (Profeten Esaias 11:10).

Den lovede Messias skulle ikke bare komme for Guds utvalgte, israelittene, men også for å fullføre løfte om frelse for alle som aksepterer Guds løfte om Messias i troen ved å følge i Abrahams fotspor. Kort sagt skulle Messias komme for å fullføre Guds løfte om frelse som Frelseren til alle nasjonene på jorden.

Nødvendigheten med en Frelser for Alle Menneskene

Hvorfor skulle Messias komme til denne verdenen for å frelse alle mennesker og ikke bare folkene i Israel?

I Første Mosebok 1:28, velsignet Gud både Adam og Eva og fortalte dem, *"Vær fruktbare og bli mange og oppfyll jorden og legg den under dere, og råd over fiskene i havet og over fuglene i himmelen og over hvert dyr som rører på seg på jorden!"*

Etter at den første mannen Adam ble skapt og etablerte ham som en sjef over alle andre skapninger, ga Gud mennen myndigheten til å "dyrke" og "styre over" jorden. Men når Adam spiste av treet med kunnskapen om godt og ondt, som Gud spesielt hadde forbudt ham om, og begikk synden med ulydighet ved fristelsen av slangen som var egget på av Satan, kunne Adam ikke lenger nyte en slik makt.

Når de adlød Guds ord om rettferdighet, var Adam og Eva slaver til rettferdigheten og nøt makten som Gud hadde gitt dem, men etter at de hadde syndet, ble de siden som slaver til synden og djevelen, og måtte gi opp deres makt (Paulus' brev til romerne 6:16). All makten som Adam mottok fra Gud ble derfor overrakt til djevelen.

I Lukas' evangeliet 4, fristet fienden djevelen Jesus, som akkurat hadde vært ferdig med å faste i 40 dager, tre ganger. Djevelen viste Jesus alle kongerikene i verdenen og sa til Ham, *"Deg vil jeg gi makten over alt dette og disse rikers herlighet; for meg er det overgitt, og jeg gir det til hvem jeg vil. Vil du nå falle ned og tilbede meg, da skal det alt sammen være Ditt"* (Lukas' evangeliet 4:6-7). Djevelen påstår at "makten og all herligheten" var "overgitt til meg" fra Adam, og djevelen kan derfor også gi den til andre.

Ja, Adam mistet all makten og ga den til djevelen, og på grunn av dette ble han djevelens slave. Siden da lot Adam djevelen få mere og mere kontroll over synden, og ble plassert på dødsstiens vei, som er belønning for syndene. Dette stoppet ikke med Adam, men påvirket alle hans etterkommere, som skulle arve Adams originale synd gjennom arvelige inflytelser. De ble også plasert under makten til synden som ble styrt av djevelen og Satan og havnet i døden.

Dette er redegjørelsen av nødvendigheten for den

kommende Messias. Ikke bare Guds valgte, israelittene, men også alle menneskene i verden trang Messias som ville kunne redde dem fra makten til djevelen og Satan.

Kvalifikasjonene til Messias

Akkurat som det er lover her i verden, er det også regler og reglementer i den spirituelle verdenen. Hvorvidt en person vil dø eller motta tilgivelse av hans synder og kommer til frelsen avhenger av loven til den åndelige verdenen.

Hvilke kvalifikasjoner vil personen tilfredsstille for å kunne bli Messias som kan frelse alle menneskene fra Lovens forbannelse?

Bestemmelsen vedrørende kvalifikasjonene til Messias er funnet i loven som Gud ga til Hans valgte. Denne loven var angående befrielsen av landet.

> *Jorden må ikke selges for alle tider; for meg hører landet til, dere er fremmede og gjester hos Meg. I hele det land dere får til eie, skal dere tillate innløsning av jorden. Når din bror blir fattig og må selge noe av sin jordeiendom, da skal hans løser, hans nærmeste frende, komme og innløse det som hans bror har solgt* (Tredje Mosebok 25:23-25).

Loven med Gjenkjøp av Jord Inneholder Hemmeligheter om Messias Kvalifikasjoner

Guds valgte, israelittene, overholdt loven. Derfor, under en forhandling om å kjøpe og selge jord, overholdt de loven om gjenkjøp av jorden slik det hadde blitt nedskrevet i Bibelen, veldig strengt i ulikhet med jordlovene i andre land, gjorde Israels lov det klart og tydelig i kontrakten at jorden ikke måtte bli solgt permanent, men at den kunne bli kjøpt tilbake senere. Det sørger for at en rik slektning kan kjøpe tilbake jorden for et familiemedlem som hadde solgt det. Hvis personen ikke har noen slektninger som er rike nok til å kjøpe det, men han har fått nok tilbake av hans formue til å gjenkjøpe det, tillater loven den originale eieren å kjøpe det tilbake selv.

Hvordan er så loven om gjenkjøp av jorden i den Tredje Mosebok forbundet med Messias kvalifikasjoner?

For å kunne forstå dette bedre, må vi huske på det faktum at menneskene ble skapt av støvet på bakken. I Første Mosebok 3:19, forteller Gud Adam, *"I ditt ansikts svett, skal du ete ditt brød, intill du vender tilbake til jorden, for av den er du tatt; for støv er du, og til støv skal du vende tilbake."* Og det står i Første Mosebok 3:23, *"Gud sendte ham ut av Edens have, for å kultivere jorden so han ble tatt ifra,"* menes det slik, og det blir referert til som "Guds kultivasjon av menneskene."

Gud fortalte Adam, "For du er støv," og "landet" innebærer åndelig at menneskene er skapt av støv fra bakken. Så loven om gjenkjøp av jorden med hensyn til salg og kjøp av jord er direkte forbundet til loven av det åndelige rike vedrørende frelsen av menneskene.

Ifølge loven angående gjenkjøp av jorden, eier Gud all jorden og ikke noe menneske kan selge det permanent. Samtidig tilhørte all makten som Adam fikk ifra Gud originalt til Gud, og ingen kunne derfor selge det permanent. Hvis en ble fattig og solgte hans jord, måtte jorden bli gjenkjøpt når den rette personen dukket opp. På samme måte måtte djevelen gi tilbake hans makt som han hadde fått ifra Adam når en person som kunne gjenvinne makten dukket opp.

Basert på loven om gjenkjøp av jorden, forberedte Gud en person som kunne gjenvinne all makten som Adam hadde gitt til djevelen. Individet er Messias, og Messias er Jesus Kristus som hadde blitt utarbeidet fra evigheten og som ble sendt av selve Gud.

Kvalifikasjonene av Frelseren og Deres Fullbyrdelse av Jesus Kristus

La oss undersøke hvorfor Jesus er Messias og Frelseren av alle menneskene basert på loven om gjenkjøp av jorden.

Først, akkurat som innløseren av jorden må være en slektning, må også Frelseren være et menneske for å innløse menneskene fra deres synder fordi alle menneskene ble syndere gjennom synden til den første mannen Adam. Den Tredje Mosebok 25:25 forteller oss, *"Når din bror blir fattig og må selge noe av sin jordeiendom, da skal hans løser, hans nærmeste frende, komme og innløse det som hans bror har solgt."* Hvis en person ikke lenger hadde råd til å beholde sin jord og solgte jorden, hans nærmeste slektninger kunne kjøpe tilbake jorden. På samme måte, fordi den første mannen Adam syndet og måtte gi sin makt som Gud hadde gitt ham til djevelen, innløsing av makten som ble gitt til djevelen kan og må bli ledsaget av et menneske, Adams' "nærmeste slektning."

Som vi finner det i Paulus' 1. brev til Korintierne 15:21, *"For ettersom døden har kommet ved et menneske, så er og de dødes oppstandelse kommet ved et menneske,"* Bibelen bekrefter til oss at befrielse av syndere ikke kunne bli utrettet av engler eller beist, men bare av mennesker. Mennesker ble plasert på dødens vei på grunn av synden til Adam den første mannen, noen andre måtte befri dem fra synden, og bare et medmemmeske, Adams nærmeste slektning" kunne gjøre det.

Selv om Jesus hadde den menneskelige egenskapen og også den guddommelige egenskapen som Guds Sønn, var Han født av et menneske for å kunne befri menneskene fra deres synder, (Johannes' evangeliet 1:14) og erfarte utvikling. Som et menneske kunne Jesus sove, føle sult og tørst, glede og sorg. Når Han ble hengt på korset, blødde Jesus og følte smerten som var forbundet med det.

Til og med i det historiske inneholdet, er det et stykke med ubestridelig bevis som vitner til det faktum at Jesus kom til denne verdenen som et menneske. Med Jesus fødsel som et henvisnings punkt, verdens historie er delt opp i to: "F. KR." og "E.KR."

"F.Kr." eller "Før Kristus" refererer til tiden før Jesus' fødsel og "E.Kr." eller "Etter Kristus" ("Mens vår Herre levde") refererer til tiden siden fødselen av Jesus. Dette faktum bekrefter at Jesus kom inn til denne verdenen som en mann. Jesus tilfredsstilte derfor Frelserens første kvalifikasjon fordi Han kom inn til denne verdenen som et menneske.

Annen, Akkurat som gjenkjøperen av jorden ikke kunne kjøpe tilbake hans jord hvis han var fattig, kunne ikke en slektning av Adam befri menneskene fra deres synder fordi Adam syndet og alle hans etterkommere er født med den originale synden. Den personen som er Frelseren for alle mennesker må være en slektning av Adam.

Hvis en bror ville betale tilbake gjelden til hans søster, må han selv være foruten gjeld. På samme måte må en person som vil befri andre fra deres synder selv være foruten synder. Hvis frelseren er syndig, vil han selv bli en slave til synden. Hvordan kan han så frelse andre ifra deres synd?

Etter at Adam hadde begått synden med ulydighet, ble alle hans slektninger født med den originale synden. Derfor kunne ikke noen av Adams' slektninger bli en Frelser.

Kjødelig sagt er Jesus en slektning av David, og Hans foreldre er Josef og Maria. Men Matteus 1:20 forteller oss, *"Barnet som har blitt befruktet i henne er fra den Hellige Ånd."*

Grunnen til at hvert eneste individ er født med den originale synden er fordi han arver hans foreldres syndige egenskaper gjennom has fars sædcelle og hans mors egg. Men Jesus var ikke befruktet fra Josefs' sædcelle og Marias' egg, men ved makten til den Hellige Ånd. Det var på grunn av at hun ble gravid før de hadde sovet sammen. Den allmektige Gud kan gjøre at et barn kan bli befruktet ved makten til den Hellige Ånd uten sammenkomsten av en sædcelle og et egg.

Jesus bare "lånte" kroppen til jomfru Maria. Siden Han ble befruktet av makten til Den Hellige Ånd, arvet ikke Jesus noen egenskaper av synderne. Siden Jesus ikke er en slektning av Adam og er foruten den originale synden, tilfredstiller Han også den andre kvalifikasjonen til Frelseren.

Tredje, akkurat som gjenkjøperen av jorden må være rik nok til å kjøpe tilbake jorden, må alle menneskenes Frelser ha makten til å overvinne djevelen og redde menneskene fra djevelen.

Tredje Mosebok 25:26-27 forteller oss, *"Og om en ikke har noen løser, men selv får råd til det og kommer til å eie det som skal til for å innløse det, da skal han regne etter hvor mange år det er gått siden han solgte, og bare betale det overskytende til den mann han solgte det til; så skal han komme til sin jordeiendom igjen."* Med andre ord, for at en person kan kjøpe tilbake jorden, må han ha "pengemidlene" for å kunne gjøre det.

Å redde krigsfangene krever at en gruppe burde ha makten til å overvinne fienden og betale tilbake en gjeld krever at en har de økonomiske ressursene. På samme måte, å redde alle menneskene fra djevelens myndighet forlanger at Frelseren burde ha makten til å overvinne over djevelen for å redde dem fra djevelen.

Før Adam syndet, hadde han makten til å styre over alle skapningene, men etter at han syndet, ble Adam utsatt for makten til djevelen. Fra dette kan vi forstå at makten til å overvinne djevelen kommer fra syndfriheten.

Jesus som var Guds Sønn var fullstendig syndfri. Fordi Jesus var befruktet av den Hellige Ånd og ikke var en slektning av Adam, var Han foruten den originale synden. Videre, fordi Han bare overholdt Guds lov gjennom Hans liv, hadde Jesus ikke begått noen synder. På grunn av dette sa Apostelen Peter at Jesus *"han som ikke gjorde synd, og i hvis munn det ikke ble funnet svik, han som ikke skjelte igjen når han ble utskjelt, ikke truet når han led, men overlot det til ham som dømmer rettferdig"* (Peters 1. brev 2:22-23).

Siden Han var foruten synd, hadde Jesus makten og styrken til å overvinne djevelen og hadde makten til å redde menneskene fra djevelen. Hans mangfoldige tegn av mirakelløse tegn og undere bærer vitne om dette. Jesus helbredet syke mennesker, drev ut demonene, lot de blinde se, de døve høre, og de invalide gå. Jesus til og med stilnet det voldsomme havet og vekket opp de døde.

Det faktum at Jesus var foruten synd var bekreftet uten noen som helst tvil ved Hans oppstandelse. Ifølge loven til det åndelige rike, må syndere dø (Paulus' brev til Romerne 6:23). Siden Han var foruten synd, var derfor ikke Jesus plasert under dødens makt. Han pustet Hans siste åndedrag på korset og Hans kropp ble begravd ned i graven, men on de tredje dagen oppsto Han.

Alltid bli minnet om troens mektige fedre som Enok og Elias som ble løftet opp til himmelen levende uten å dø fordi de var foruten synd og ble fullstendig renset. Likedan, på den tredje dagen etter at Han ble begravet, ødela Jesus makten til djevelen og Satan gjennom Hans oppstandelse, og ble derfor alle menneskenes Frelser.

Fjerde, akkurat som gjenkjøperen av jorden også må ha kjærlighet for å kunne kjøpe tilbake jorden for hans slektning, må menneskenes frelser også ha kjærligheten hvor han kan leve livet for andre.

Selv om Frelseren tilfredstiller de tre første kvalifikasjonene som det var pratet om tidligere, men ikke har kjærlighet, kunne Han ikke bli alle menneskenes Frelser. Si at en bror har en gjeld på $100,000 og hans søster er en mangemillionær. Uten kjærlighet, ville ikke søsteren betale tilbake hennes brors gjeld og hennes enorme rikdom betyr ingenting for broren.

Jesus kom til verdenen som et menneske, var ikke en slektning av Adam, og hadde makten til å overvinne djevelen og til å redde menneskene fra djevelen fordi Han ikke hadde noen synd i det hele tatt. Men hvis han ikke hadde hatt kjærlighet, kunne Jesus ikke ha frelset menneskenes fra deres synder. "Jesus' frelse av menneskenes synder" betyr at Han måtte motta dødsstraffen på deres vegne. For at Jesus kunne redde menneskene fra deres synder, måtte Han bli korsfestet som en av de mest grufulle synderne i verden, og lide all slags forakt og hån, og til å miste alt sitt vann og forblø. Fordi Jesus kjærlighet for menneskene var så lidenskapelig og Han var villig til å redde menneskene fra deres synder, var Jesus derfor ikke bekymret for straffen av korsfestelsen.

Hvorfor måtte så Jesus henge på et kors laget av tre og forblø? Som Femte Mosebok 21:23 forteller oss, *"Forbannet av Gud er den som blir hengt,"* og ifølge loven til det åndelige rike som sier at "Belønningen av synd er døden," ble Jesus hengt på treet for å frelse alle menneskene fra syndens forbannelse som de var bundet til.

Videre, som Tredje Mosebok 17:11 sier, *"For kjøttets sjel er i blodet, og jeg har gitt dere det på alteret til å gjøre soning for deres sjeler; for blodet er det som gjør soning, fordi sjelen er i det,"* det er ikke noen tilgivelse av synd uten blødning.

Og selvfølgelig forteller den Tredje Mosebok oss at rent mel kan bli offret til Gud istedenfor blodet fra dyrene. Denne begrensning var satt for de som ikke hadde råd til å ofre dyr. Det var ikke offeret med blod som tilfredstilte Gud. Jesus befridde oss fra våre synder ved å bli hengt på et kors av tre og forblø på det.

Hvor fantastisk er ikke Jesus' kjærlighet siden Han mistet sitt blod på korset og åpnet veien til frelse for de som brente og korsfestet Ham, selv om Han helbredet mennesker fra alle slags sykdommer, løsnet båndet med ondskaphet, og bare gjorde gode ting?

Basert på loven med gjenkjøping av jord, kan vi konkludere at bare Jesus tilfredsstiller kvalifikasjonene til å bli en Frelser som kan befri menneskene fra deres synder.

Veien til Menneskenes Frelse Forberedt Før Tidens Begynnelse

Veien til menneskenes frelse ble åpnet når Jesus døde på korset og oppsto den tredje dagen etter Hans begravelse og ødela derfor dødens fullmakt. Jesus som kom til denne verden for å fullføre forsynet av menneskenes frelse og ble menneskenes Messias var profetert samtidig som Adam syndet.

I Første Mosebok 3:15, sa Gud til slangen som egget opp kvinnen, *"Jeg vil sette fiendeskap mellom deg og kvinnen og mellom din ætt og kvinnens ætt; den skal knuse ditt hode, men du skal knuse dens hæl."* Her symboliserer åndelig "kvinnen" Guds valgte Israel og "slangen" betyr fienden djevelen og Satan som motsier Gud. Når frøet til "kvinnen" ville "skade [slangen] på hode," betyr det at menneskenes Frelser ville komme blant israelittene og overvinne dødens makt til fienden djevelen.

En slange blir hjelpesløs så fort dens hode har blitt skadet. På samme måte, når Gud fortalte slangen at frøet til kvinnen ville ødelegge slangens hode, profeterte Han at menneskenes Kristus ville bli født til Israel og ødelegge myndigheten til djevelen og Satan og redde synderne som var bundet til deres myndighet.

Fordi den ble oppmerksom på dette, forsøkte djevelen å drepe kvinnens avkom før Han kunne påføre den skade. Det er slik djevelen trodde at den kunne nyte myndigheten som var overrakt fra den ulydige Adam bare hvis den kunne drepe kvinnens avkom. Men fienden djevelen visste ikke hvem kvinnens avkom var og begynte derfor å planlegge å drepe Guds trofaste og elskede profeter helt siden det Gamle Testamentets tider.

Når Moses ble født, egget fiende djevelen Farao fra Egypt til å drepe alle guttebarn som ble født til israelske kvinner (2. Mosebok 1:15-22), og når Jesus personlig kom her til jorden, rørte det ved Kong Herods hjerte og lot ham drepe alle guttebarna som var i Betlehem og i områdene rundt, fra to år og yngre. På grunn av dette, arbeidet Gud for Jesus' familie og hjalp dem med å rømme til Egypt.

Eterpå vokste Jesus under oppsyn av selve Gud, og begynte Hans prestetjeneste når Han var 30. Ifølge Guds vilje, dro Jesus gjennom hele Galilea, preket i deres synagoger, og helbredet hver eneste lidelse og hver eneste sykdom blandt menneskene, gjenopplive de døde, og forkynnet evangeliet til himmelens rike til de fattige.

Djevelen og Satan egget yppersteprestene, de skriftlærde, og fariseerne, og begynte å planlegge veier å drepe Jesus gjennom dem. Men de onde kunne ikke engang røre ved Jesus til Gud hadde valgt. Bare mot slutten av Jesus' tre år lange prestetjeneste tillot Gud dem å arrestere og korsfeste Jesus for å fullføre forsynet av menneskenes frelse gjennom Jesus' korsfestelse.

Gi etter for presset fra jødene, dømte Romas' Guvernør Pontius Pilatus Jesus til korsfestelse, og Romas' soldater kronet Jesus med torner og spikret Han gjennom Hans hender og føtter på korset.

Korsfestelse var en av de skrekkeligste metodene å drepe en

forbryter. Når djevelen lykkes i å ha Jesus korsfestet på denne forferdelige måten av onde menn, hvor mye måtte ikke djevelen ha jublet! Den antok at ingen og ikke noe kunne hindre dens makt over verden, og sang lykkelige sanger og danser. Men Guds forsyn kunne bli funnet her.

> *Men som en hemmelighet taler vi Guds visdom, den skjulte, som Gud fra evighet av har forutbestemt til vår herlighet, den som ingen av denne verdens herrer kjente; for hadde de kjent den, da hadde de ikke korsfestet herlighetens Herre* (Paulus' 1. brev til korintierne 2:7-8).

På grunn av at Gud er rettferdig, anvender Han ikke den fullstendige fullmakten til Han bryter loven, men gjør alt i henhold til loven til det åndelige riket. Han la derfor veien til frelse for menneskene før tidens begynnelse ifølge Guds lov.

Ifølge loven til det åndelige rike, som sier, *"belønningen av synd er døden"* (Paulus' brev til romerne 6:23), hvis en person ikke synder, kan han ikke dø. Men djevelen korsfestet den syndfrie, plettfrie, og uskyldige Jesus. Djevelen brøt derfor loven til det åndelige rike og måtte straffes ved å gi tilbake makten som Adam hadde gitt den etter at han hadde begått synden med ulydighet. Med andre ord, djevelen ble ikke tvunget til å gi opp taket på alle mennesker som ville akseptere Jesus som deres Frelser og tro på Hans navn.

Hadde fienden djevelen hatt kunnskap om Gud, ville den

ikke ha korsfestet Jesus. Men fordi den ikke hadde kunnskap om denne hemmeligheten, drepte den den uskyldige Jesus, trodde med sikkerhet at den nå ville få dens hold på verden for all evighet. Men i virkeligheten falt djevelen inn i dens egen felle, og endte opp med å bryte loven til det åndelige rike. Hvor fantastiske er ikke Guds kunnskaper!

Sannheten er at fiende Djevelen ble hjelpemiddelet til å fullføre Guds forsyn av menneskenes befrielse og som det var profetert om i Første Mosebok dens hode var "skrammet" av kvinnens avkom.

Ved Guds forsyn og kunnskap, døde den uskyldige Jesus for å kunne redde alle menneskene fra deres synder, og når Han sto opp den tredje dagen, ødela Han makten til fiende djevelen og ble kongenes Konge og herrenes Herre. Han åpnet døren til frelse slik at vi kan bli rettferdiggjort gjennom troen i Jesus Kristus.

Derfor har mangfoldige mennesker gjennom menneskenes historie blitt frelst gjennom troen på Jesus Kristus og mange flere aksepterer Herren Jesus Kristus idag.

Motta den Hellige Ånden gjennom gjennom troen på Jesus Kristus.

Hvorfor mottar vi frelse når vi tror på Jesus Kristus? Ved å akseptere Jesus Kristus som vår Frelser, mottar vi den Hellige Ånd ifra Gud. Når vi mottar den Hellige Ånd, blir våre ånder som har vært døde, opplivet. Siden den Hellige Ånd er makten og hjertet til Gud, vil den Hellige Ånd lede Guds barn inn i sannheten og hjelpe dem med å leve ifølge Guds vilje.

De som virkelig tror på Jesus Kristus som Frelseren vil følge ønsket til den Hellige Ånd og kjempe etter å leve ifølge Guds ord. De vil bli kvitt deres hat, sinne, sjalusi, misunnelse, dømming og fordømmelse av andre, og utroskap, og istedenfor arbeide i godheten og sannheten og forstå, tjene, og elske andre.

Som det ble nevnt tidligere, når den første mannen Adam syndet ved å spise av treet om kunnskapen om godt og ondt, døde ånden i menneske og menneskene ble sendt mot ødeleggelse. Men når vi mottar den Hellige Ånd, våre døde ånder blir oppvekket og like mye som vi søker etter den Hellige Ånd og spaserer i Guds sanne ord, blir vi gradvis sannhetens mennesker og gjenvinner Guds tapte billede.

Når vi spaserer i Guds sanne ord, vil vår tro bli anerkjent som "sann tro," og fordi våre synder vil bli renset av Jesus blod ifølge våre gjernings tro, kan vi motta frelse. På grunn av dette forteller Apostelen Johannes' 1. brev 1:7 oss, *"Men dersom vi vandrer i lyset, likesom Han er i lyset, da har vi samfun med hverandre, og Jesu, Hans Sønns blod renser oss fra all synd."*

Det er på denne måten vi ankommer frelse ved troen etter at vi har mottat tilgivelse fra våre synder. Men hvis vi spaserer i synden uansett vår tilståelse om troen, er denne tilståelsen en løgn, og blodet til vår Herre Jesus Kristus kan derfor ikke befri oss fra våre synder eller garantere oss frelse.

Selvfølgelig er det en annen ting for de som akkurat har mottat Jesus Kristus. Selv om de ikke riktig ennå oppholder seg fullstendig i sannheten, vil Gud undersøke deres hjerte, tro på at de vil bli forvandlet, og føre dem til frelse når de går mot sannheten.

Jesus Fullfører Forutsigelsene

Guds ord om Messias som ble profetert gjennom profetene var fullført av Jesus. Hvert eneste aspekt av Jesus liv, fra Hans fødsel og prestetjeneste til Hans død og korsfestelse og oppstandelse, var innenfor Guds forsyn for Ham til å bli Messias og Frelseren for alle menneskene.

Jesus ble Født til en Jomfru i Betlehem

Gud profeterte om Jesus fødsel gjennom Profeten Esaias. Da Gud valgte, Guds makt som var den høyeste etterkommer, ga en kvinne som var jomfru og som het Maria og som bodde i Nasaret, Galilea, og ga henne befruktelse til å bli gravid.

> *Derfor skal Herren selv gi dere et tegn: Se, en jomfru blir fruktsommelig og føder en sønn, og Hun gir Ham navnet Immanuel* (Profeten Esaias 7:14).

Akkurat som Gud hadde lovet menneskene i Israel, *"Det vil ikke bli noen ende av kongene fra Davids Hus,"* Han forårsaket at Messias skulle komme fra en kvinne med navnet Maria, som skulle gifte seg med Josef, en av Davids etterkommere. Som en av Adams etterkommere som ble født med den originale synden og som ikke kan befri menneskene fra deres synder, utfylte Gud forsynet ved at Jomfru Maria ble gravid med Jesus før hun og Josef ble gift.

Men du Betlehem, Efrata, som er liten til å være med blandt Judas tusener! Av deg skal det utgå for meg en som skal være hersker over Israel, og Hans utgang er fra fordum, fra evighets dager (Profeten Mika 5:2).

Bibelen profeterte at Jesus ville bli født i Betlehem. Jesus var selvfølgelig født i Betlehem i Judeas under Kong Herods' dømme (Matteus' evangeliet 2:1), og historien er vitne om denne begivenheten.

Når Jesus ble født, fryktet Kong Herod at hans makt var truet, og prøvde å få Jesus drept. Men fordi han ikke kunne finne barnet, drepte Kong Herod alle guttebarna i Betlehem og i omegnen, opp til to år gamle, og det var derfor gråting og sørging gjennom hele området.

Hvis Jesus ikke hadde kommet inn til denne verdenen som jødenes virkelige Konge, hvorfor ville så kongen ha ofret så mange barn bare for å drepe et barn? Denne tragedien som ble til på grunn av fiende djevelen prøvde å drepe Messias ut av frykt etter å miste deres makt over verden rørte ved hjertet til Kong Herod som også var redd for å miste hans krone og de lot han derfor begå denne grusomheten.

Jesus er Vitne til den Levende Gud

Før Han begynte Hans prestetjeneste, beholdt Jesus Loven for 30 år av Hans liv. Og når Han ble gammel nok til å bli en prest, begynte Han å oppfylle Hans prestetjeneste for å bli en Messias som det hadde vært planlagt før tidens begynnelse.

Herrens, Israels Guds Ånd er over meg, fordi Herren har salvet meg til å forkynne et godt budskap for de saktmodige; han har sendt meg til å forbinde dem som har et sønderbrutt hjerte, for å utrope frihet for de fangne og løslatelse for de bundne, til å utrope et nådens år fra Herren og en hevnens dag fra vår Gud, til å trøste alle sørgende, til å gi de sørgende i Sion hodepryd i stedet for aske, gledes olje i stedet for sorg, lovprisnings klædebon i stedet for en vansmektet ånd. De skal kalles rettferdighetens terebinter, Herrens plantning til Hans ære (Profeten Esaias 61:1-3).

Som vi finner i forsynet ovenfor, løste Jesus alle livets problemer med Guds makt og trøstet de nedbrutte. Og når tiden kom for Gud å velge, dro Jesus inn til Jerusalem for å lide Jesus lidelseshistorie.

Fryd deg storlig, Sions datter! Rop høyt, Jerusalems datter! Se, din konge kommer til deg, rettferdig er Han og full av frelse, fattig og ridende på et asen, på aseninnens unge fole (Profeten Sakarias 9:9).

Ifølge Sakarias forutsyn, ankom Jesus byen Jerusalem ridende på en fole. Folkemengden ropte, *"Hoseanna Davids Sønn; Velsignet være Han som kommer i Herrens navn! Hosianna i det høyeste!"* (Matteus' evangeliet 21:9), og det gikk begeistring gjennom byen. Menneskene jublet på denne måten fordi Jesus ga slike fantastiske tegn og undere som å spasere på vannet og vekke opp de døde. Men snart ville folkemengden bedra og korsfeste Ham.

Når de så de store folkemengdene som fulgte Jesus for å høre Hans ord om makt og for å se åpenbarelsen av Guds makt, følte prester, fariseere, og de skriftlærde at deres posisjon i samfunnet ble truet. Ut av sterkt hat for denne Jesus, planla de å drepe Ham. De produserte all slags falske bevis mot Jesus og anklaget Ham med å bedra og hisse opp menneskene. Jesus viste vidunderlige arbeid ved Guds makt som ikke kunne ha blitt utført hvis ikke Gud Selv hadde fulgt med Ham, men de prøvde fremdeles å bli kvitt Jesus.

På slutten bedro en av Jesus disipler Ham og prestene betalte ham tredve sølv stykker for å hjelpe dem med å arrestere Jesus. Sakarias' forsyn om tredve sølv stykker i belønning, *"Jeg tok de tredve sølvpenger og kastet dem i Herrens hus til pottemakeren,"* var fullført (Profeten Sakarias 11:12-13).

Senere var den mannen som bedro Jesus for tredve sølvstykker ute av stand til å overvinne sin skyldfølelse, og kastet de tredve sølv stykkene inn i tempelets hellige rom, men en prest brukte disse pengene til å kjøpe *"landet til en pottemaker"* (Matteus' evangeliet 27:3-10).

Jesus' Død og Lidenskap

Akkurat som Profeten Esaias profeterte, led Jesus Lidenskapen for å kunne befri alle menneskene. Fordi Jesus kom til denne verdenen for å fullføre forsynet med å befri Hans folk ifra deres synder, ble Han hengt og døde på et kors av tre som var symbolet på forbannelsen og ble ofret til Gud som et skyldig offer for menneskene.

> *Sannelig, våre sykdommer har han tatt på seg, og våre piner har Han båret; men vi aktet Ham for plaget, slått av Gud og gjort elendig. Men Han er såret for våre overtredelser, knust for våre misgjerninger; straffen lå på Ham, forat vi skulle ha fred, og ved hans sår har vi fått legedom. Vi for alle ville som får, vi sendte oss hver til sin vei; men Herren lot alle våres misgjerninger ramme Ham. Han ble mishandlet, enda Han var elendig, og Han åpnet ikke sin munn, lik et lam som føres bort for å slaktes, og lik et får som tier når de klipper det; åpnet Han ikke sin munn. Ved trengsel og ved dom ble Han rykket bort; men hvem tenkte i Hans tid at når Han ble utryddet av de levendes land, så var det for mitt folks misgjernings skyld plagen traff Ham? De ga Ham*

Hans grav blandt ugudelige, men hos en rik var Han i sin død, fordi Han ingen urett hadde gjort, og det ikke var svik i Hans munn. Men det behaget Herren å knuse Ham, han slo Ham med sykdom; når Hans sjel bar frem skyldofferet, skulle Han se avkom og leve lenge, og Herrens vilje skulle ha fremgang ved Hans hånd. (Profeten Esaias 53:4-10)

Under tiden til det Gamle Testamentet ofret folk blod og dyr til Gud hver gang de syndet mot Ham. Men Jesus mistet Hans rene blod som hverken inkluderte den originale eller den selvbegåtte synden og "ofret en ofring for alle tidens synder" slik at alle menneskene kanskje kan motta tilgivelse av deres synder og få et evig liv (Brevet til hebreerne 10:11-12). Han la derfor veien klar for tilgivelse av syndene og frelse gjennom troen i Jesus Kristus og vi trenger ikke lenger å ofre blodet ifra dyrene.

Når Jesus tok Hans siste åndedrag på korset, ble forhenget i tempelet revet i to fra toppen og ned til gulvet (Matteus' evangeliet 27:51). Forhenget i tempelet var en stor gardin som separerte det aller Helligste fra det Hellige stedet i Tempelet, og ingen vanlige mennesker kunne komme inn til det Hellige stedet. Bare ytterstepresten kunne gå inn i den aller Helligste delen en gang i året.

Det faktum at "forhenget i tempelet ble revet i to fra toppen og helt ned" symboliserer at når Han ofret seg selv som forsoning, ødela Jesus veggen med synd som sto mellom Gud og oss. I det Gamle Testamentets tider, yppersteprest måtte ofre ofringer til

Gud for befrielse av menneskene i Israel fra deres synder og ba til Gud på deres vegne. Nå som den syndige veggen som hadde vært på veien til Gud ble ødelagt, kan vi selv kommunisere med Gud. Med andre ord, alle som tror på Jesus Kristus kan gå inn i det hellige kammeret til Gud og lovprise og be til Ham der.

Derfor vil jeg gi Ham de mange til del, og sterke skal Han få til bytte, fordi Han uttømte sin sjel til døden og ble regnet blandt overtredere, Han som dog bar manges synd, og Han bad for overtredelse (Profeten Esaias 53:12).

Akkurat som Profeten Esaias skrev ned om Lidenskapen og Korsfestelsen av Messias, døde Jesus på korset for syndene til alle menneskene, men ble inkludert med lovbryterne. Selv når Han døde på korset, spurte Han Gud om å tilgi de som korsfestet Ham.

Fader, tilgi dem: for de vet ikke hva de gjør (Lukas' evangeliet 23:34).

Når Han døde på korset, Salmedikternes spådom, *"Han tar på alle hans ben, ikke ett av dem blir brukket"* (Salmenes bok 34:21) ble fullført. Vi kan finne dens utførelse i Johannes 19:32-33, *"Stridsmennene kom da og brøt benene på den første og på den andre som var korsfestet sammen med Ham; men da de kom til Jesus og så at Han allerede var død, brøt de ikke Hans ben."*

Jesus Fullfører Hans Prestetjeneste ved å Bli Messias

Jesus bærte syndene til menneskene på korset Hans og døde for dem som deres synde offer, men utfyllelsen av frelsens forsyn var ikke gjennom Jesus' død.

Akkurat som det ble forkynnet i Salmenes bok 16:10, *"For du skal ikke overlate min sjel til dødsriket, du skal ikke la din hellige se forråtnelse."* og i Salmenes bok 118:17, *"Jeg skal ikke dø, men leve og fortelle HERRENS' gjerninger,"* Jesus' kropp råtnet ikke og Han oppsto fra de døde den tredje dagen.

Som det ble profetert videre i Salmenes bok 68:19, *"Du for opp i det høye, bortførte fanger, tok gaver blandt menneskene, også blandt de gjenstridige, for å bo der, HERRE Gud,"* Jesus for opp til himmelen og venter på tidens ende hvor Han vil fullføre menneskenes kultivasjon og føre Hans disipler inn til himmelen.

Det er veldig lett notert hvordan alt som Gud profeterte om Messias gjennom Hans disipler har blitt fullstendig fullbyrdet gjennom Jesus Kristus.

Jesus Død og Forutsigelsene om Israel

Isralittene som var Guds utvalgte mislykkedes å erkjenne Jesus som Messias. Fremdeles har Gud ikke forlatt folket som Han valgte og fullfører idag Hans forsyn ved å frelse Israel.

Selv gjennom Jesus' korsfestelse, profeterte Gud om Israels fremtid, og dette er på grunn av Hans ærlige kjærlighet for dem og ønske om at de må tro på den Messias som Gud hadde sendt og for å nå frelse.

Lidelsen for Israel som Korsfestet Jesus

Selv om Romas Guvernør Pontius Pilatus dømte Jesus til å bli korsfestet, var det jødene som overtalte Pilatus om å gjøre dette. Pilatus visste at det ikke var noen grunn til å drepe Jesus, men folkemengden presset ham, ropte om Jesus' korsfestelse, helt til de startet et voldsomt utbrudd.

For å bli fastere om hans beslutning om å korsfeste Jesus, tok Pilatus vannet og vasket hans hender foran folkemegden og sa til dem, *"Jeg er uskyldig på denne Mannens blod; dere må ta hånd om dette selv"* (Matteus' evangeliet 27:24). Til svar ropte jødene, *"Hans blod skal være på oss og våre barn!"* (Matteus 27:25)

I 70 e.Kr., ble Jerusalem erobret av Romas Hærfører Titus. Tempelet var ødelagt og de overlevne ble tvunget til å dra fra deres hjemland og spre seg rundt omkring i verden. Slik begynte Diaspora og den varte i nesten 2,000 år. I løpet av denne perioden med Diaspora, omfanget av tortur som menskene i Israel fikk kan ikke skikkelig bli beskrevet med ord.

Når Jerusalem falt, ble omkring 1.1 millioner jøder slaktet, og under den Annen Verdenskrig, ble omkring seks millioner jøder massemordet av Nazistene. Når de ble slaktet av nazistene, ble jødene avkledd og dette er noe som minner om den tiden hvor Jesus ble korsfestet naken.

Selvfølgelig, fra Israels perspektiv, kan de påstå at deres lidelser ikke var på grunn av at Jesus hadde blitt korsfestet. Men når man ser tilbake på Israels historie, kan det lett bli notert at Israel og dens folk var beskyttet av Gud og blomstret når de levde etter Guds vilje. Når de tok avstand fra Guds vilje, var israelittene disiplinert og utsatt for lidelser og prøver.

Så vi vet at Israels lidelse ikke var uten grunn. Hvis korsfestelsen av Jesus hadde vært riktig i Guds øyne, hvorfor forlot så Gud Israel midt i den uopphørlige og grove elendigheten i lang tid?

Jesus' Yttertøy og Hans Tunika, og Israels Fremtid

En annen episode som varslet om tingene som skulle ramme Israel fant sted hvor Jesus ble korsfestet. Som vi leste om i Salmenes bok 22:19, *"De deler mine klær mellom seg og kaster lodd om min kjortel,"* de romerske soldatene tok Jesus yttertøy og laget fire deler av det, en del til hver av soldatene, mens de kastet lodd om Hans tunika og en av soldatene tok den med seg.

Hvordan er denne begivenheten forbundet med Israels fremtid? Siden Jesus er jødenes Konge, Jesus' yttertøy symboliserer åndelig Guds utvalgte, staten Israel og dens folk. Når Jesus' yttertøy ble delt opp i fire deler og tøyets fasong forsvant, varslet dette om ødeleggelsen av Israel. Men fordi stoffet til yttertøyet ble igjen, fortalte begivenheten også at fordi om staten Israel vil forsvinne, vil navnet "Israel" fortsatt bli der.

Hva er betydningen til det faktum at de romerske soldatene tok Jesus' yttertøy og delte det opp i fire deler, en del til hver soldat? Dette betyr at menenskene i Israel ville blitt ødelagt av Roma og ville bli splittet opp. Dette forsynet var også fullført ved forfallelsen av Jerusalem og ødeleggelsen av staten Israel, som tvang jødene til å spre seg rundt omkring forskjellige deler av verden.

Om Jesus' tunika sier Johannes' evangeliet 19:23, *"Men kjortelen var usydd, vevd fra øverst og helt igjennom."* Det faktum at Hans tunika var helt "usydd" betegner at det ikke var flere lag av klær som ble sydd sammen for å lage dette klesplagget.

De fleste mennesker tenker ikke så mye på hvordan deres klesplagg hadde blitt vevd. Hvorfor skriver så Bibelen i detaljer om utformingen av Jesus' tunika? I dette er det et forsyn med begivenheter som finner sted for Israels folk.

Jesus' tunika symboliserer hjertet til menneskene i Israel, det hjerte som de tjener til Gud med. Det faktum at tunikaen var "uten søm, vevd i en del" innebærer at Israels hjerte mot Gud har vart fra deres forfader Jakob og vakler ikke i noen omstendigheter.

Gjennom de Tolv Stammene etter Abraham, Isak, og Jakobs' tid, utgjorde de en nasjon og menneskene i Israel har holdt fast ved deres renhet som en nasjon uten å gifte seg med Hedninger. Etter splittelsen av Israels Kongedømme i nord og Judeas Kongedømme i sør, inngiftet menneskene i det nordlige kongedømme seg, men Judeas forble en homogen nasjon. Selv i dag, beholder jødene deres identitet som er datert tilbake til tiden av troens fedre.

Derfor, selv om Jesus yttertøy var revet opp i fire deler, forble Hans tunika uberørt. Dette innebærer at mens utseende til staten Israel kanskje vil forsvinne, hjertene til Israels folk mot Gud og deres tro på Ham kan ikke bli undertrykket.

Fordi de har dette urokkelige hjerte, valgte Gud dem som Hans utvalgte og gjennom dem har Han fullført Hans plan helt til idag. Til og med etter at vi har passert millennia, følger folkene i Israel Loven veldig strengt. Dette er på grunn av at de har arvet Jakobs' uforandrede hjerte.

På grunn av dette, nesten 1900 år etter at de hadde mistet landet deres, sjokkerte folket i Israel verden ved å erklære deres selvstendighet og gjenopprettelse av deres status som selvstendig stat 14. mai, 1948.

Jeg vil hente dere fra folkene og samle dere fra alle landene, og jeg vil la dere komme til deres eget land (Profeten Esekiel 36:24).

Dere skal bo i det landet som jeg ga deres fedre, og dere skal være mitt folk, og jeg vil være deres Gud (Profeten Esekiel 36:28).

Som det allerede hadde blitt profetert om i det Gamle Testamentet, *"Når lang tid er gått, kommer turen til deg; ved årenes ende,"* begynte menneskene i Israel å flokke til Palestina og etablerte igjen en stat (Profeten Esekiel 38:8). Ved å utvikle seg inne i en av verdens mektigste land, har Israel en gang til bekreftet til resten av verden deres overlegne karakteristikker som en nasjon.

Gud Ønsker at Israel Skal Gjøre seg Klare til Jesus Tilbakekomst

Gud lengter etter at det nylige gjenopprettede Israel skal forvente og forberede seg på Messias Tilbakekomst. Jesus kom til Israels land for omkring 2,000 år siden, fullstendig oppfylte forsynet med menneskenes befrielse og ble deres Frelser og Messias. Når Han for opp til himmelen, lovte Han å komme tilbake og nå vil Gud at Hans valgte skal vente på Messias tilbakekomst med sann tro.

Når Messias Jesus Kristus kommer tilbake, vil Han ikke

komme til en simpel stall eller må lide straffen om korset som Han gjorde for to millenia siden. Han vil i stedenfor vise seg i kontroll av himmelske verter og engler og komme tilbake til denne verdenen som kongenes Konge og herrenes Herre i Guds ære for at hele verden skal se.

> *Se, Han kommer med skyene, og hvert øye skal se Ham, også de som har gjennomstunget Ham, og alle jordens slekter skal gråte sårt over Ham. Ja, amen* (Johannes' åpenbaring 1:7).

Når den bestemte tiden kommer, alle menneskene, de troende så vel som de ikke troende, vil se Herrens tilbakekomst i luften. På den dagen, alle de som tror Jesus er alle menneskenes Frelser vil bli løftet opp til skyene og delta i Bryllupsmiddagen i luften, men de andre vil bli igjen for å sørge.

Akkurat som Gud skapte det første menneske Adam og begynte å kultivere menneskene, vil det med sikkerhet bli en ende til det. Akkurat som en bonde sår frø og høster avlingen, vil det også bli en tid for avling av menneskenes kultivasjon. Guds kultivasjon av menneskene vil bli ferdig med den Andre Tilbakekomst av Messias Jesus Kristus.

Jesus forteller oss i Johannes åpenbaring 22:7, *"Og se, jeg kommer snart. Salig er den som tar vare på de profetiske ord i denne bok."* Våre siste dager har kommet. I Hans umålelige kjærlighet for Israel, fortsetter Gud med å opplyse Hans folk gjennom deres historie slik at de vil akseptere Messias. Gud ønsker også virkelig at ikke bare Hans valgte Israel, men også alle mennesker vil motta Jesus Kristus før slutten på menneskenes kultivasjon kommer.

Den Hebreiske Bibelen, som de Kristne kjenner som det Gamle Testamentet

3 kapittel
Den Gud Som Israel Tror På

Loven og Tradisjonen

Mens Gud ledet Hans utvalgte folk, Israel, ut av Egypt og inn i Det forjettede land Canaan, steg Han ned på toppen av Sinai fjellet. Da ropte HERREN Gud på Moses, lederen av Eksodus, og fortalte ham at presten skulle konsentrere seg selv når de nærmet seg Gud. I tillegg, ga Gud menneskene de Ti Budskapene og mange andre lover gjennom Moses.

Når Moses hadde offisielt fortalt utførlig om alle ordene til Jehova-Gud og vedtektene til folkene, svarte de med en stemme og sa, *"Alle de ord HERREN har talt, vil vi holde oss etter!"* (Annen Mosebok 24:3) Men mens Moses var på Sinai fjellet i samsvar med Guds tilkallelse, ba menneskene om at Aaron skulle lage et bilde av en kalv og begikk den store synden ved tilbedelse av idolet.

Hvordan har det seg at de kunne være Guds utvalgte mennesker og begå en slik stor synd? Alle menneskene siden Adam som begikk synden med ulydighet, er etterkommere av Adam og har alle vært født med syndige egenskaper. De er tvunget til å synde før de har blitt renset gjennom omskjæring av hjertet. Derfor sendte Gud Hans eneste Sønn Jesus, og gjennom

Jesus' korsfestelse åpnet Han porten hvor menneskene kan bli tilgitt av alle deres synder.

Hvorfor ga så Gud menneskene loven? De Ti Budskapene som Gud ga dem gjennom Moses, bestemmelsene og dekretene er kjent som loven.

Gjennom Loven Leder Gud dem inn til Landet som Flyter med Melk og Honning

Grunnen og hensikten til at Gud ga menneskene i Israel loven om Eksodus fra Egypt er for at de kan nyte vesignelsen hvor de kan komme inn til landet Kana'an, landet som flyter med melk og honning. Menneskene mottok loven directly fra Moses, men de beholdt ikke Guds pakt og begikk mange synder som idol tilbeding og utroskap. Til slutt døde de fleste av deres synder i løpet av de 40 årene de levde i ørkenen.

Femte Moseboken ble skrevet ned ifølge de siste ordene til Moses, og har med Guds pakt og loven å gjøre. Når de fleste fra den første generasjonen til Eksodus utenom Josva og Kaleb døde og tiden kom for ham å forlate Israel, anbefalte Moses ivrig den andre og den tredje generasjonen til Eksodus å elske Gud og å adlyde Hans budskap.

Og nå, Israel, hva krever herren din Gud av deg uten at du skal frykte Herren din Gud og vandre på alle Hans veier og elske Ham og tjene Herren din Gud av hele ditt hjerte og av all din sjel, så du tar vare på Herrens bud og Hans lover, som jeg byr deg idag, forat det kan gå deg vel? (Femte Mosebok 10:12-13).

Gud ga dem loven på grunn av at Han ville at de villig skulle adlyde den fra deres hjerte og for å bekrefte deres kjærlighet for Gud gjennom deres lydighet. Gud ga dem ikke loven for å begrense eller forplikte dem i det hele tatt, men Han ville akseptere hjertene deres med lydighet og gi dem velsignelse.

Og disse ord som jeg byr deg idag, skal du gjemme i ditt hjerte. Og du skal innprente dine barn dem, og du skal tale om dem når du sitter i ditt hus, og når du går på veien, og når du legger deg, og når du står opp. Og du skal binde dem som et tegn på din hånd, og de skal være som en minneseddel på din panne. Og du skal skrive dem på dørstolpene på ditt hus og på dine porter (Femte Mosebok 6:6-9).

Gjennom disse versene, fortalte Gud dem hvordan de skulle bære loven i hjertene deres, undervise andre om den og praksisere den. Gjennom tidene, er Guds budskap og bestemmelser some er skrevet i de Fem Bøkene til Moses fremdeles skrivet ned og beholdt, men fokuseringen om å observere loven er bestemt utadtil.

Loven og Tradisjonen om de Eldre

Loven befalte for eksempel at hviledagen skulle bli beholdt hellig, og de eldre regulerte mange detaljerte tradisjoner som kunne utvikles for å overholde budskapene som for eksempel å forby dem å bruke automatiske dører, heiser og rulletrapper og fra å åpne handelsbrev, pass, og andre pakker. Hvordan begynte tradisjonen med de eldre?

Når Guds Tempel var ødelagt og menneskene i Israel ble tatt vekk til babylonsk fangenskap, trodde de at det var på grunn av at de hadde mislykkes i å tjene Gud med alle deres hjerter. De trengte å tjene Gud bedre og bruke loven til de situasjonene som ville forandre seg med tiden, så de laget mange strenge regler.

Disse reglene ble opprettet med syn om å tjene Gud helhjertet. De satt med andre ord opp mange strenge regler som spesifiserte hvert eneste del av livet, slik at de kunne passe loven i deres daglige liv.

Noen ganger spilte de strenge reglene rollen om å beskytte loven. Men ettersom tiden gikk, forsømmet de den virkelige meningen som var lagt inn i loven og ga større vekt på den ytre følelsen med å overholde loven. På denne måten ble det til at de avviket fra lovens virkelige mening.

Gud ser og aksepterer heller hjerte til hver eneste en når en overholder loven enn å sette vekten på den ytre følelsen ved å iaktta loven med gjerninger. Så Han har satt opp loven for å søke etter dem som virkelig lovpriser Ham, og for å gi velsignelse til de som adlyder Ham. Selv om det virker som om mange mennesker fra de Gamle Testamentets tider overholdt loven, var det samtidig mange som brøt loven.

"Gid det fantes noen blandt dere som ville lukke tempeldørene, så dere ikke skal gjøre opp ild på Mitt alter til ingen nytte! Jeg finner ikke behag i dere, sier Herren, hærskarenes Gud, og til offergaver fra deres hånd har jeg ingen lyst" (Profeten Malakias 1:10).

Når lovens lærere og de eldre ærekrenket Jesus og fordømte Hans didipler, var det ikke på grunn av at Jesus og Hans disipler ikke adlød loven, men på grunn av at de krenket tradisjonen til de eldre. Det er godt beskrevet i Matteus' evangeliet.

Hvorfor bryter dine disipler de gamles vedtekt? De vasker jo ikke sine hender når de holder måltid (Matteus 15:2)

Akkurat da opplyste Jesus dem om det faktum at det ikke var Guds budskap som var brukket, men det var istedenfor de eldres tradisjon som hadde blitt brutt. Selvfølgelig er det viktig å observere loven utenfra med gjerninger, men det er mye viktigere å innse Guds sanne vilje som ligger i loven.

Og Jesus svarte og sa til dem,

> *Hvorfor bryter dere Guds bud for deres vedtekts skyld? For Gud har gitt det bud: Hedre din far og din mor; og: "Den som banner far eller mor, skal visselig dø." Men dere sier: "Den som sier til far eller mor: 'Det du skulle hatt til hjelp av meg, det gir jeg til tempelet,' han skylder ikke å hedre sin far eller sin mor." Og dere har gjort Guds lov til intet for deres vedtekts skyld* (Matteus' evangeliet 15:3-6).

I de følgende versene, sa også Jesus,

> *Dere hyklere, rett spådde Esaias om dere da han sa: 'Dette folk ærer meg med leppene, men deres hjerte er langt borte fra Meg. Men de dyrker meg forgjeves, idet de lærer lærdommer som er menneskebud'* (Matteus' evangeliet 15:7-9).

Etter at Jesus kalte folkemengden til Seg, sa Han til dem,

> *Hør dette og forstå det. Ikke det som kommer inn i munnen, gjør mennesket urent; men det som går ut av munnen, det gjør mennesket urent* (Matteus' evangeliet 15:10-11).

Guds barn burde hedre deres foreldre som det blir skrevet i de Ti Budskapene. Men fariseerne lærte folkene at de barna som vil tjene og ære deres foreldre med deres eiendeler kan bli fritatt fra deres forpliktelse hvis de erklærer at de vil offre deres eiendeler til Gud. De laget så mange regler med spesielle spesifikasjoner for hver av livets aspekter i slike detaljer at Hedninger torde ikke å overholde alle disse tradisjonene til de eldre, de trodde at de var veldig gode som Guds utvalgte.

Den Gud som Israel Tror På

Når Jesus helbredet de syke på den Hellige dagen, fordømte fariseerne Jesus fordi Han brøt den Hellige Dagen. En dag da Jesus kom inn til en synagogue og så en mann som sto foran fariseerne og som hadde lammede hender. Jesus aktet å vekke dem opp og spurte dem om det følgende:

> *Er det tillatt på sabbaten å gjøre godt eller å gjøre ondt, å berge liv eller å slå ihjel?* (Markus' evangeliet 3:4)

> *Hvem er det vel blandt dere som har et får, og om det på sabbaten faller i en grøft, da ikke tar fatt i det og drar det opp? Hvor meget mere er da ikke et menneske enn et får! Derfor er det tillat å gjøre godt på Sabbaten* (Matteus' evangeliet 12:11-12).

Fordi fariseerne før hadde vært fyllt med lovens ramme

som hadde blitt formert innenfor tradisjonen til de eldre og de selvopptatte tankene og livets oppførsel, de mislykkes ikke bare i å innse Guds sanne vilje som ble satt inn i loven, men de også mislykkes i å anerkjenne Jesus, som hadde kommet ned til jorden som Frelseren.

Jesus påpekte for dem og anbefalte dem om å angre og snu seg fra deres ugjerninger. Han bebreidet dem fordi de hadde ungått Guds sanne hensikt for loven som Han hadde gitt dem, og forandret og holdt seg til de ytre gjerningene om å følge loven.

> *Ve dere, dere skriftlærde og fariseere, dere hyklere! Dere som gir tiende av mynte og anis og karve, og ikke enser det som veier tyngre i loven: rett og barmhjertighet og trofasthet; dette burde gjøres, og det andre ikke lates ugjort* (Matteus' evangeliet 23:23).

> *Ve dere, dere skriftlærde og fariseere, dere hyklere! Dere som renser beger og fat utvendig, men innvendig er de fulle av rov og griskhet* (Matteus' evangeliet 23:25).

Menneskene i Israel som var styrt av det romerske keiserdømme, så i deres sinn at Messias ville komme for dem med stor makt og ære, og Messias ville kunne sette dem fri fra undertrykkerne og styre over alle menneskeraser i alle nasjonene.

I mellomtiden ble det født et barn fra en byggmester; han holdt seg sammen med de forlatte, de syke, og synderne; han kalte Gud "Fader," og han erklærte at Han var verdens Lys. Når han irettesatte dem fra deres synder, de som hadde beholdt loven etter deres eget nivå og erklært seg selv som rettferdige, ble stukket i hjertene deres og kuttet av hans ord og de korsfestet ham uten grunn.

Gud Vil at Vi Skal Ha Kjærlighet og Tilgivelse

Fariseerne har observert reglene for jødedommen veldig strength og sett på mange år og tradisjonene som like verdifulle som deres liv. De behandlet skattefutene, som arbeidet for det romerske keiserdømme, akkurat som syndere og holdt seg vekk ifra dem.

I begynnelsen av Matteus 9:10 står det at Jesus hvilte seg ved bordet i huset hos en skattefut ved navnet Matteus, og mange skattefuter og syndere spiste sammen med Jesus og Hans disipler. Når fariseerne så dette, sa de til Hans disipler, "Hvorfor spiser deres Lærer med skattefutene og syndere?" Når Jesus hørte at de fordømte Hans disipler, forklarte Han dem om Guds hjerte. Gud gir Hans usvikelige kjærlighet og barmhjertighet til alle som angrer på hans synder fra sitt hjerte og snur seg vekk fra dem.

Matteus' evangeliet 9:12-13 fortsetter, *"Men da Jesus hørte dette, sa Han, 'De friske trenger ikke til lege, men de som har ondt. Men gå bort og lær hva det er: "Jeg har lyst til barmhjertighet og ikke til offer," for jeg er ikke kommet for å kalle rettferdige, men for å kalle syndere,'"*

Når ondskapen til menneskene fra Ninive nådde himmelen, var Gud like ved å ødelegge byen Ninive. Men før Han gjorde det, sendte Gud Hans profet Jonas for å la dem angre på deres synder. Folket fastet og angret virkelig på deres synder, og Gud ga opp Hans avgjørelse med å ødelegge dem. Men det var fariseerne som trodde at for alle som brøt loven var det ikke noe annet valg enn å bli fordømt. Den viktigste delen av loven er usvikelig kjærlighet og tilgivelse, men fariseerne trodde at å dømme noen er riktigere og mer verdifullt enn å tilgi ham gjennom kjærlighet.

På samme måte, når vi ikke forstår hjerte til Gud som har gitt oss loven, blir vi tvunget til å dømme alt med våre egne tanker og teorier og de fordømmelsene vil bli sett på som gale og motstridelse av Gud.

Guds Virkelige Hensikt med å Opprette Loven

Gud skapte himmelen og jorden og alt i dem og skapte menneskene på grunnlaget om å kunne få sanne barn som ville ligne Hans hjerte. Av denne grunnen har Gud fortalt Hans folk om å *"bli hellig, for Jeg er hellig"* (Tredje mosebok 11:44). Han anser at vi skal frykte Ham når vi ikke er guddommelige bare i utseende, men også blir uklanderlige ved å kaste vekk ondskap fra hjerte.

I Jesus' tid hadde fariseerne og de skriftlærde mye mere interesse med offringer og i handlingen med å heller følge loven enn å rense deres hjerter. Gud er mere tilfredstilt med et ødelagt og skyldtynget hjerte enn offringer (Salmenes bok 51:16-17), så Han har gitt oss loven for å la oss angre på våre synder og snu seg vekk ifra dem gjennom loven.

Guds Sanne Vilje Ligger i Loven i det Gamle Testamentet

Det er ikke helt forståelig at gjerningene til menneskene i Israel ved å følge loven ikke inkluderte deres kjærlighet for Gud i det hele tatt. Men selve tingen som Gud ville at de skulle gjøre er rensing av hjerte og Han irettesatte dem veldig strengt gjennom

Profeten Esaias.

> *"Hva skal Jeg med deres mange slaktoffer?"* Sier
> HERREN. *"Jeg er mett av brennoffer av værer og av
> gjøkalvers fett, og til blod av okser og lam og bukker
> har jeg ikke lyst. Når dere kommer for å vise dere for
> mitt åsyn, hvem har da krevd dette av dere at dere skal
> nedtrede Mine forgårder? Kom ikke mere frem med
> tomt matoffer, det er Meg en vedestyggelig røkelse.
> Nymåne og Sabbat, festlig forsamling – Jeg tåler ikke
> høytid og urett sammen"* (Profeten Esaias 1:11-13).

Den virkelige meningen med å følge loven består ikke i den ytre handlingen men i vilje til det indre hjerte. Så Gud var ikke tilfredstilt med de mange offrene som ble offret med bare vanlige og overfladiske handlinger når de ankom de hellige rettene. Samme hvor mange offre de ofret ifølge loven, var Gud ikke tilfredstilt med dem fordi deres hjerter ikke var ifølge Guds vilje.

Det er det samme med våre bønner. I våre bønner er ikke bare handlingen med å be viktig, men også instillingen til våres hjerter i bønnene er mye mere viktig. En salmedikter sier i Salmenes bok 66:18, *"Hadde jeg urett for øye i mitt hjerte, så ville HERREN ikke høre."*

Gud lot menneskene vite gjennom Jesus at Han ikke er tilfredstilt med bønner som er hyklerske eller skrytende, men bare oppriktige bønner som kommer rett fra hjertet.

> *Og når dere ber skal dere ikke være som hyklerne; for de vil gjerne stå og be i synagogene og på gatehjørnene, for å vise seg for menneskene. Sannelig sier jeg dere, de har allerede fått sin lønn. Men du, når du ber, da gå inn i ditt lønnkammer og lukk din dør og be til din Fader, som er i lønndom, han skal lønne deg i det åpenbare* (Matteus' evangeliet 6:5-6).

Det samme skjer når vi angrer på våre synder. Når vi angrer på våre synder, vil Gud at vi ikke skal rive i klærne våres og klage over våre sekkeklær, men å rive i våre hjerter og angre på våre synder fra vårt hjerte. Selve handlingen med angringen er ikke viktig, og når vi angrer på våre synder fra vårt hjerte og snur oss vekk ifra dem, aksepterer Gud denne angringen.

> *"Men endog nå," sier HERREN, "Vend om til Meg med hele deres hjerte og med faste og gråt og klage, og sønderriv deres hjerte og ikke deres klær, og vend om til HERREN deres Gud! For Han er nådig og barmhjertig, langmodig og rik på miskunnhet, og Han angrer det onde"* (Profeten Joel 2:12-13).

Med andre ord, Gud vil heller akseptere hjertene til en som følger loven enn handlingen med å bare iaktta selve loven. Dette er beskrevet i Bibelen som "omskjæring av hjertet." Vi kan omskjære våre kropper ved å skjære av kjøttet med forhud, mens vi kan bli omskjært i hjertets hud gjennom skjæring av våre hjerter.

Omskjæringen av Hjertet som Gud Ønsker Seg

Hva refererer omskjæringen av hjertet til i detaljer? Det refererer til "avskjæring og kaste vekk alle slags ondskaper og synder inkludert misunnelse, sjalusi, sinne, fiendtlighet, utroskap, falskhet, bedrageri, dømming, og fordømmelse fra hjerte." Når du kutter av syndene og ondskapen fra hjertet og følger loven, aksepterer Gud det som perfekt lydighet.

Omskjær dere for HERREN og ta bort deres hjertes forhud, dere Judas menn og Jerusalems innbyggere, forat ikke min harme skal fare ut som ild og brenne, uten at noen slukker, for deres onde gjerningers skyld (Profeten Jeremias 4:4).

Så omskjær da deres hjertes forhud, og vær ikke mere så hårdnakkede (Femte Mosebok 10:16).

Egypten og Juda og Edom og Ammons barn og Moab og alle med rundklippet hår som bor i ørkenen, vil jeg hjemsøke; for alle hedningefolkene er uomskårne, og hele Israels hus er uomskåret på hjertet (Profeten Jeremias 9:26).

Og HERREN din Gud skal omskjære ditt hjerte og dine etterkommeres hjerte, så du elsker HERREN din Gud av alt ditt hjerte og av all din sjel, og da skal du få leve (Femte Mosebok 30:6).

Det Gamle Testamentet anbefaler oss derfor ofte om å omskjære våres hjerter, for bare de som er omskjært i deres hjerter kan elske Gud med hele deres hjerte og hele deres sjel.

Gud vil at Hans barn skal være hellige og perfekte. I Første Mosebok 17:1, sa Gud til Abraham at han skulle "bli uskyldig," og i Tredje Mosebok 19:2, befalte han menneskene i Israel om å "bli hellig."

Johannes' evangeliet 10:35 sier, *"Når da loven kaller dem guder som Guds ord utgikk til (og skriften kan ikke gjøres ugyldig),"* og Peters' 2. brev 1:4 sier, *"Og har derved gitt oss de største og dyreste løfter, forat dere ved dem skulle få del i guddommelig natur, idet dere flyr bort ifra fordervelsen i verden, som kommer av lysten."*

I det Gamle Testamentets tider var de frelset gjennom handlingene bare ved å observere loven, mens i det Nye Testamentets tider kan vi bli frelst gjennom troen på Jesus Kristus som fullførte loven med kjærlighet.

Frelse gjennom handlingene, i det Gamle Testamentets tider, var mulig når de hadde syndige ønsker om å morde, hate, begå utroskap, og lyve, men begikk dem ikke i handlinger. I det Gamle Testamentets tider oppholdt den Hellige Ånd seg ikke i dem og de kunne ikke kaste vekk syndig begjær på egen hånd. Så når de ikke begikk synder i utvendige handlinger, ble de ikke sett på som syndere.

Men i det Nye Testamentets tider, kan vi nå frelse bare når vi omskjærer vårt hjerte med troen. Den Hellige Ånden lar oss kjenne synden, rettferdigheten, og fordømmelsen og hjelpe oss med å leve ifølge Guds ord, så vi kan kaste vekk løgner og syndige egenskaper og omskjære vårt hjerte.

Frelse gjennom troen på Jesus Kristus er ikke bare gitt når en kjenner og tror på at Jesus Kristus er Frelseren. Bare når vi kaster vekk ondskapen fra vårt hjerte fordi vi elsker Gud og vil spasere i sannheten med troen, vil Gud se det som en sann tro og ikke føre oss bare til en fullstendig frelse, men også til veien med utrolige svar og velsignelse.

Hvordan en Kan Tilfredstille Gud

Det er naturlig at Guds barn ikke burde gjøre syndige gjerninger. Det er også normalt for ham å kaste vekk løgnene og de syndige ønskene fra hjertet og for å ligne Guds hellighet. Hvis du ikke begår syndige gjerninger, men holder ved syndige ønsker inne i deg som Gud ikke vil ha, kan du ikke bli sett på som rettferdig av Gud.

Det er derfor det er skrevet i Matteus 5:27-28, *"Dere har hørt at det er sagt: 'Du skal ikke drive hor'; men jeg sier dere at hver den som ser på en kvinne for å begjære henne, har alt drevet hor med henne i sitt hjerte."*

Og det står i Johannes' 1. brev 3:15, *"Hver den som hater*

sin bror, er en manndraper, og dere vet at ingen manndraper har evig liv blivende i seg." Dette verset anbefaler oss også å bli kvitt hat fra vårt hjerte.

Hvordan burde du oppføre deg mot din fiende som hater deg for å tilfredstille Guds vilje?

Loven til det Gamle Testamentets tider forteller oss, "Øye for øye [og] tann for tann." Loven sier med andre ord, *"Akkurat som han har skadet et menneske, vil det også bli tildelt ham."* Det var for at en skulle forhindre noen fra å såre eller påføre andre skade med strenge regler. Det er på grunn av at menneskene prøver å gi tilbake mere enn hva som ble påført ham i hans ondskap.

Kong David var lovpriset som en person som søkte etter Guds hjerte. Når Kong Saulus prøvde å drepe ham, ga ikke David noe ondskap tilbake for all den ondskapen som Kong Saulus hadde gitt, men behandlet han med godhet helt til slutten. David så den sanne meningen som lå i loven og levde bare ifølge Guds ord.

> *Du skal ikke hevne deg og ikke gjemme på vrede mot ditt folks barn, men du skal elske din næste som deg selv, Jeg er HERREN* (Tredje Mosebok 19:18).

> *Når din fiende faller, må du ikke glede deg, og når han snubler, må ikke ditt hjerte fryde seg* (Salomos ordspråk 24:17).

Hungrer din fiende, så gi ham brød å ete, og tørster han, så gi ham vann å drikke (Salomos ordspråk 25:21).

Dere har hørt at det er sagt: 'Du skal elske din næste og hate din fiende.' Men jeg sier dere: elsk deres fiender, og bed for dem som forfølger dere (Matteus' evangeliet 5:43-44).

I henhold til versene ovenfor, hvis det virker som om du overholder loven, men kan ikke tilgi en person som gir deg problemer, vil Gud ikke være tilfreds med deg. Det er fordi at Gud har sagt at vi må elske våre fiender. Når du observerer loven og når du gjør det med det hjerte som Gud vil at du skal ha, kan du tro at du fullstendig adlyder Guds ord.

Loven, et Tegn av Guds Kjærlighet

Kjærlighetens Gud vil gi oss endesløse velsignelser, men på grunn av at Han er den rettferdige Gud, har Han ikke noe valg enn å gi oss til djevelen når vi begår synder. Det er derfor noen av Guds troende lider av sykdommer og møter ulykker og katastrofer når de ikke lever ifølge Guds ord.

Gud har gitt oss mange befalinger med Hans kjærlighet for å beskytte oss fra prøver og smerter. Hvor mange instruksjoner gir foreldrene til sine barn for å beskytte dem fra sykdommer og ulykker?

"Vask dine hender når du kommer hjem."
"Puss dine tenner etter at du har spist."
"Se deg om før du krysser gaten."

På samme måte har Gud fortalt oss å følge Hans budskap og statutt for vårt gagn i Hans kjærlighet (Femte Mosebok 10:13). Å holde og praktisere Guds ord er som en lampe for vår livs reise. Samme hvor mørkt det er, kan vi med sikkerhet spasere mot målet med en lampe, og samtidig, når Gud som er selve lyset er med oss, kan vi bli beskyttet og nyte gleden og velsignelsen av Guds barn.

Hvor tilfredstilt er ikke Gud når Han beskytter Hans barn som adlyder hans ord med Hans brennende øyne og gir dem hva enn de spør etter! Derfor kan disse barna forandre deres hjerter til å bli rene og gode og ligne Gud like mye som de beholder og adlyder Guds ord, og føle dybden av Guds kjærlighet slik at de kan elske Ham mere.

Loven som Gud har gitt oss er akkurat som kjærlighetens tekstbok som gir retningslinjen til de beste velsignelsene for oss som er under Guds kultivering her på jorden. Guds lov gir oss ikke byrder, men beskytter oss fra alle slags ulykker her i denne verden som fienden djevelen og Satan styrer over og den leder oss til frelsens vei.

Jesus Fullførte Loven med Kjærlighet

I Femte Mosebok 19:19-21 kan vi finne at i tiden til det

Gamle Testamentet når folk begikk synder med deres øyne, måtte de plukke ut deres øyne. Når de syndet med deres hender eller føtter, da ble deres hender eller føtter kuttet av. Når de myrdet og begikk utroskap, ble de forstenet.

Loven til det åndelige rike forteller oss at resultatet av våre synder er døden. Det er derfor Gud straffet de som begikk utilgivelige synder så seriøst, og Han ville også advare mange mennesker om ikke å begå de samme syndene.

Men kjærlighetens Gud var ikke fullstendig tilfreds med troen hvor de holdt seg til loven og sa, "Øye for øye, og tann for tann." Istedenfor la han igjen og igjen vekt på i det Gamle Testamentet at de burde omskjære deres hjerter. Han ville ikke at Hans disipler skulle føle smerter på grunn av loven, så når tiden var inne, sendte Han Jesus til jorden og lot Ham ta alle menneskenes synder og fullførte loven med kjærlighet.

Utenom Jesus' korsfestelse, ville vi ha våre hender og føtter avkuttet når vi begikk synder med våre hender og føtter. Men Jesus tok korset og mistet alt Hans dyrebare blod når de spikret gjennom hans hender og føtter for å vaske vekk alle våre synder som vi begikk med våre hender og føtter. Nå behøver vi ikke å kutte av våre hender og føtter på grunn av Guds mektige kjærlighet.

Jesus, som er den samme som kjærlighetens Gud, kom ned til jorden, og fullførte loven med kjærlighet. Jesus levde et eksemplarisk liv ved å følge alle Guds lover.

Men selv om Han fullstendig fulgte loven, fordømte Han ikke de som mislykkes i å overholde loven og sa, "Du brøt loven, og er nå på vei til døden." Istedenfor lærte Han menneskene om sannheten dag og natt slik at bare en eneste sjel kunne angre på hans synder og nå frelse, og uten stopp arbeidet og helbredet Han og frigjorde de som var hemmet av sykdommer, svakheter og demon besettelse.

Jesus' kjærlighet var fremragende demonstrert når en kvinne, som ble tatt i utroskap, ble tatt til Jesus av de skriftlærde og fariseerne. I det 8de kapittelet av Johannes Evangeliet, brakte de skriftlærde og fariseerne kvinnen til ham og spurte Ham, *"I loven har Moses foreskrevet oss at slike kvinner skal stenes; hva sier nå Du?"* (v. 5) Jesus svarte på dette ved å si, *"Den av dere som er uten synd, han kaste den første sten på henne"* (v. 7).

Ved å spørre dem om dette, prøvde Han å vekke dem opp til å innse at ikke bare kvinnen men også de selv, som beskyldte henne med hennes utroskap og prøvde å finne en grunn til å også anklage Jesus, syndet på samme måte i Gud øyne, og ingen torde å fordømme den andre. Når menneskene hørte dette, ble de fordømt av deres samvittighet og de dro ut en av gangen. De begynte med den eldste og forstatte helt til den yngste. Og Jesus ble så på egen hånd, og kvinnen ble stående i midten.

Jesus så ikke noen untatt kvinnen, og sa til henne, *"Kvinne, hvor er de [dine anklagere]? Har ingen fordømt deg?"* (v. 10) Hun svarte, "Nei, Herre, Ingen." Da sa Jesus til henne, *"Heller ikke jeg fordømmer deg. Gå bort, og synd ikke mere"* (v. 11).

Når kvinnen ble brakt til ham og hennes utilgivelige synd ble avslørt, ble hun knuget med sterk frykt. Så når Jesus tilga henne, kan du forestille deg hvor mye hun gråt på grunn av opprørthet og takknemlighet! Hver gang hun husket denne tilgivelsen og kjærligheten fra Gud, torde hun ikke bryte loven igjen og hun fikk seg selv heller ikke til å synde mere. Dette ble gjort mulig på grunn av at hun møtte Jesus som hadde fullført loven med kjærlighet.

Jesus fullførte ikke bare loven med kjærlighet for denne kvinnen men også for alle mennesker. Han skånet ikke sitt eget liv i det hele tatt, men ga sitt eget liv for oss syndere på korset med det samme hjertet som foreldre som vil gjøre alt for å redde deres hjelpesløse barn.

Jesus var skyldfri og plettfri og Guds eneste Sønn, men Han bærte på alle de ubeskrivelige smertene, ga alt Hans blod og vann og ga sitt liv på korset for oss syndere. Hans korsfestelse var det mest rørende øyeblikket for å oppnå den sterkeste kjærligheten gjennom menneskenes historie.

Når en slik makt av Hans kjærlighet kommer til oss, mottar vi styrken til å fullstendig følge loven og kan fullføre loven bare med kjærlighet akkurat som Jesus gjorde det.

Hvis Jesus ikke hadde fullført loven med kjærlighet, men istedenfor dømt og fordømt alle bare med loven og snudd seg ifra synderne, hvor mange mennesker kunne så ha blitt frelst her i verden? Som det er skrevet i Bibelen, *"Det finnes ikke en rettferdig, enn ikke en"* (Paulus' brev til romerne 3:10), ingen kan bli frelst.

Derfor burde Guds barn som har blitt tilgitt deres synder av Guds sterke kjærlighet ikke bare elske Ham og følge Hans budskap med ydmykere hjerte, men også elske deres naboer like mye som dem selv og tjene og tilgi dem.

De som Dømmer og Fordømmer Andre etter Loven

Jesus fullførte loven med kjærlighet og ble alle menneskenes Frelser, men hva gjorde fariseerne, de skriftlærde og lovens lærere? De insisterte på å heller følge loven med handlinger enn å rense deres hjerte som Gud ville, men de trodde at de hadde fullstendig fulgt loven. I tillegg tilga de ikke de som ikke fulgte loven, men dømte og fordømte dem.

Men vår Gud vil aldri at vi skal hverken dømme eller fordømme den andre uten barmhjertighet og kjærlighet. Og Han vil heller ikke at vi skal lide mens vi følger loven uten å erfare Guds kjærlighet. Hvis vi følger loven, men mislykkes i å forstå Guds hjerte og mislykkes med å gjøre det med kjærlighet, vil vi ikke ha noen glede av det.

Og om jeg eier profetisk gave og kjenner alle hemmeligheter og all kunnskap, og om jeg har all tro, så jeg kan flytte fjell, men ikke har kjærlighet, da er jeg intet. Og om jeg gir til føde for fattige alt det jeg eier, og om jeg gir mitt legeme til å brennes, men ikke har kjærlighet, da gagner det meg intet (Paulus' 1. brev til korintierne 13:2-3).

Gud er kjærlighet, og Han fryder seg og velsigner oss når vi gjør ting ut av kjærlighet. I Jesus tid mislykkes fariseerne med å ha kjærlighet i deres hjerter når de fulgte loven med deres handlinger, og dette fikk de ikke noe glede av i det hele tatt. De dømte og fordømte andre under kunnskap av loven, og det førte til at de oppholdt seg langt vekk ifra Gud og konsekvensen ble at de korsfestet Guds Sønn.

Når Du Forstår Guds Sanne Vilje som Ligger i Loven

Selv i det Gamle Testamentets tider, var det mektige fedre med tro som forsto Guds virkelige vilje i loven. Troens fedre som inkluderte Abraham, Josef, Moses, David, og Elias fulgte ikke bare loven, men de prøvde også deres beste om å bli Guds sanne barn ved å omskjære hjertene deres iherdig.

Men når Jesus ble sendt som Messias av Gud, for å fortelle jødene om Abrahams Gud, Isaks Gud, og Jakobs Gud, gjenkjente de Ham ikke. Det var på grunn av at de var blendet av rammeverket av de eldres tradisjoner og handlingene med å følge loven.

For å kunne bevise at Han er Guds Sønn, utførte Jesus utrolige under og mirakuløse tegn som bare var mulige med Guds makt.

Men de hverken gjenkjente Jesus eller så Ham som Messias.

Men det var foskjellig for de jødene som hadde gode hjerter. Når de hørte på Jesus' budskap, trodde de på Ham og når de så de mirakuløse tegnene som Jesus utførte, visste de at Gud var med Ham. I Johannes evangeliets 3dje kapittel, kom det en fariseer med navnet "Nikodemus" til Jesus en natt og sa dette til Ham.

Rabbi, vi vet at du er en lærer kommet fra Gud; for ingen kan gjøre disse tegn som du gjør, uten at Gud er med Ham (Johannes' evangeliet 3:2).

Kjærlighetens Gud Venter på Israels Tilbakekomst

Hvorfor gjenkjente de fleste av jødene ikke Jesus som kom her til jorden som Frelseren? De hadde formet deres egne tanker om loven, og trodde de elsket og tjente Gud, og var ikke villige til å akseptere tingene som var forskjellig fra deres innfatninger.

Helt til Han møtte Herren Jesus, trodde Paulus helt fullstendig at å fullstendig følge loven og tradisjonen til de eldre var det samme som å elske og tjene Gud. Det er derfor han ikke aksepterte Jesus som en Frelser, men istedenfor forfulgte Ham og Hans disipler. Etter at han møtte den gjenoppstående Herren Jesus på vei til Damaskus, ble hans innfatning fullstendig slått i stykker til små biter og ble så en apostel for Herren, Jesus Kristus. Fra da av, ville han til og med ha gitt sitt eget liv for Herren.

Dette ønske om å følge loven er jødenes innerste eksistens og hovedsaken til at Gud valgte Israel. Derfor, så fort de blir klar over Guds sanne vilje som ligger i loven, vil de kunne elske Gud mer enn noe annet menneske eller folk og bli trofaste til Gud med hele deres liv.

Når Gud førte folket i Israel ut av Egypt, ga Han dem alle lovene og budskapene gjennom Moses, og fortalte dem hva Han virkelig ville at de skulle gjøre. Han lovte dem at hvis de elsket Gud, omskjærte deres hjerte og levde i henhold til Hans vilje, ville Han følge dem og gi dem utrolige velsignelser.

> *Og du av alt ditt hjerte og all din sjel omvender deg til HERREN din Gud og hører på Hans røst i alt det som jeg byder deg idag, både du og dine barn, og da skal HERREN din Gud gjøre ende på ditt fangenskap og miskunne seg over deg, og Han skal atter samle deg fra alle de folk som HERREN din Gud har spredt deg iblandt. Om dere enn er drevet bort til himmelens ende, skal HERREN din Gud samle deg og hente deg derfra. Og HERREN din Gud skal føre deg til det land dine fedre eide, og du skal ta det i eie; og han skal gjøre vel imot deg og gjøre deg tallrikere enn dine fedre. Og HERREN din Gud skal omskjære ditt hjerte og dine etterkommeres hjerte, så du elsker HERREN din Gud av alt ditt hjerte og av all din sjel, og da skal du få leve. Og HERREN din Gud skal legge alle disse forbannelser på dine fiender og på dem som har hatet*

og forfulgt deg. Men du skal atter høre på HERRENS røst og holde alle Hans bud, som jeg gir deg idag (Femte Mosebok 30:2-8).

Som Jesus hadde lovet Hans utvalgte folk fra Israel i disse versene, samlet Han opp sine folk som hadde blitt spredd ut over hele verden og lot dem ta tilbake deres land i et par tusen år, og sette dem høyt over alle nasjonene på jorden. Men til tross for dette mislykkes Israel å gjenkjenne Guds mektige kjærlighet gjennom korsfestelsen og Hans utrolige forsyn med å skape og kultivere menneskene, og følger fremdeles gjerningene med å følge loven og tradisjonene til de eldre.

Kjærlighetens Gud ønsker og venter ivrig på at de skal forlate deres uhederlige tro og til å forandre seg bli sanne barn så fort som mulig. Først og fremst, må de åpne deres hjerter og akseptere Jesus som ble sendt av Gud som Frelseren til alle mennesker og motta tilgivelsen for deres synder. Deretter må de innse Guds virkelige vilje som har blitt gitt gjennom loven og for å ha en sann tro ved å grundig holde Guds ord gjennom omskjæring av hjertene deres slik at de kan nå fullstendig frelse.

Jeg ber alvorlig om at Israel vil gjenopprette det tapte bilde av Gud gjennom troen som tilfredstiller Gud og om å bli Hans sanne barn slik at de kan nyte alle velsignelsene som Gud har lovet, og oppholder seg i æren av det evige himmelrike.

'Dome of Rock' er en islamisk moské som ligger i den fortapte hellige byen Jerusalem

4 kapittel

Se og Hør!

Mot Slutten av Verden

Bibelen forklarer til oss klart og tydelig om både historiens begynnelse av menneskene og dens slutt. For et par tusen år nå, har Gud fortalt oss gjennom Bibelen om Hans historie om menneskenes kultivasjon. Historien startet med den første mannen på jorden, Adam, og vil ende med Herrens Andre Nedkomst fra luften.

På Guds historiske klokke av menneskenes kultivasjon, hva er klokken nå og hvor mange dager og timer er det igjen til klokken kimer angående den siste kultivasjonen av menneskene? Nå la oss forske litt på hvordan kjærlighetens Gud har planlagt og satt Hans vilje til å føre Israel mot frelse.

Utfyllelsen av Bibelens Forsyn i Løpet av Menneskenes Historie

Det er mange forsyn i Bibelen, og de er alle ord fra den Allmektige Gud Skaperen. Som det ble sagt i Esaias 55:11, *"Således skal Mitt ord være, som går ut av Min munn; det skal ikke vende tomt tilbake til Meg, men det skal gjøre det Jeg vil, og lykkelig utføre det som Jeg sender det til,"* Guds ord har blitt fullført så langt, og hvert eneste ord vil bli utfyllt.

Israels historie fastslår åpenbart at forsynene fra Bibelen har blitt fullført helt nøyaktig uten noen som helst feiltagelse. Israels historie har blitt fullført nøyaktig etter forsynene som det ble skrevet om i Bibelen: Israels' 400 års slaveri i Egypt og Eksodus; deres ankomst til landet Kana'an som var flytende med melk og honning; deres kongedømmes' oppdeling i to – Israel og Judeas og deres ødeleggelse; det Babylonske Fangenskapet; Israels hjemkomst; fødselen av Messias, Messias korsfestelse; Israels ødeleggelse og spredningen av alle nasjonene og Israels gjenopprettelse som en nasjon og deres selvstendighet.

Menneskenes historie er konrollert av Gud den Allmektige, og når Han gjorde noe viktig, varslet Han Guds mennesker om hva som ville skje (Profeten Amos 3:7). Gud varslet Noah, en mann som var rettferdig og skyldfri på hans tid, at den den Store Oversvømmelsen ville ødelegge hele jorden. Han fortalte Abraham at byene til Sodom og Gomorrah ville bli ødelagte og han lot Profeten Daniel og Apostelen Johannes vite hva som ville skje på slutten av verdens tid.

De fleste av disse forsynene som har blitt skrevet ned i Bibelen har blitt nøyaktig fullført, og de forsyn som fremdeles skal bli fullført er Herrens Andre Tilbakekomst og et par ting som vil komme foran dette.

Tegn på at Tidens Ende er Nær

Samme hvor mye vi idag forklarer at vi nå er kommet til tidens ende, vil ikke mange mennesker tro på det. Istedenfor å akseptere det, tror de at de som prater om tidens slutt er rare og prøver å unngå å høre på dem. De tror at solen vil stå opp og sette seg, at mennesker vil bli født og dø og sivilisasjonen vil fortsette akkurat som den alltid har tidligere.

Bibelen skriver dette angående tidens slutt, *"Idet dere først og fremst vet dette at i de siste dager skal det komme spottere med spott, som farer frem etter sine egne lyster og sier: 'Hvor er løfte om Hans gjenkomst? For fra den tid fedrene sov inn, vedblir jo alle ting som de var fra skapningens begynnelse'"* (Paters 2. brev 3:3-4).

Når et menneske blir født, er det også avsatt en tid for han til å dø. På samme måte, akkurat som det hadde en begynnelse, har menneskenes historie også en ende. Når tiden som har blitt satt av Gud kommer, vil alle tingene i denne verden ende.

På den tiden skal Mikael stå frem, den store fyrste som verner om ditt folks barn. Og det skal komme en trengselstid som det ikke har vært fra den dag noe folk ble til, og like til den tid skal alle de av ditt folk bli frelst som finnes oppskrevet i boken. Og de mange som sover i jordens muld, skal våkne opp, somme til evig liv og somme til skam og evig avsky. Men de forstandige skal skinne som himmelhvelvingen skinner, og de som har ført de mange til rettferdighet, skal skinne som stjernene, evindelig og alltid. Og du,

Daniel, gjem disse ord og forsegl boken inntil endens tid! Mange skal granske den, og kunnskapen skal bli stor (Profeten Daniel 12:1-4).

Gjennom Profeten Daniel, profeterte Gud om hva som ville skje på slutten av tiden. Noen mennesker sier at de forsynene som ble gitt gjennom David hadde allerede blitt fullført i den tidligere historie. Men denne forutsigelsen vil bli fullstendig fullført i det siste øyeblikket av menneskenes historie, og er fullstendig i samsvar med tegnene til de siste dagene fra ordene som er skrevet i det Nye Testamentet.

Dette forsyn om Daniel er forbundet med Herrens Andre Nedkomst. 1. verset sier, *"Og det skal komme en trengselstid som det ikke har vært fra den dag noe folk ble til, og like til den tid skal alle de av ditt folk bli frelst som finnes oppskrevet i boken,"* forklarer oss om den 7 år lange Prøvelsen som vil finne sted ved tidens ende av verden og om den ettersankede frelse.

Den andre halvdelen av 4. verset sier, *"Mange skal granske den, og kunnskapen skal bli stor,"* forklarer om det daglige livet som menneskene idag lever. Disse forutsigelsene om Daniel refererer ikke til Israels ødeleggelse som fandt sted i året 70 e.Kr. som de avgjørende, men til tegnet om tidens ende.

Jesus pratet til Hans disipler angående tegnene til tidens ende i detalje. I Matteus' evangeliet 24:6-7, 11-12, sier Han, *"Dere skal høre krig og rykter om krig. Nasjoner vil stå opp mot andre nasjoner, og kongerike mot kongerike og på forskjellige steder vil det være hungersnød og jordskjelver. Mange falske profeter vil stå opp og vil villede mange. Fordi ulovlighet har øket, vil de fleste menneskers kjærlighet bli kaldere."*

Hvordan er verdenssituasjonen idag? Vi hører nyheter om krig og rykter om krig og terrorismen øker hver dag. Nasjoner slåss mot hverandre og kongedømmer står opp mot hverandre. Det er mange hungersnøder og jordskjelv. Det er mange slags andre naturkatastrofer, og katastrofer som har oppstått på grunn av uvanlige vær forhold. Ulovligheter har også blitt mere vanlig rundt omkring hele jordkloden, synd og ondskap er også voldsomt over hele verden, og menneskenes kjærlighet blir kaldere.

Det samme blir skrevet i Timoteis Andre Epistel.

Men dette skal du vite at i de siste dager skal det komme vanskelige tider. For menneskene skal da være egenkjærlige, pengekjære, stortalende, overmodige, spottende, ulydige mot foreldre, utakknemlige, vanhellige, ukjærlige, upålitelige, baktalende, umåtelige, umilde, uten kjærlighet til det gode, svikefulle, fremfusende, oppblåste, slike som elsker sine lyster høyere enn Gud, som har gudfryktighets skinn, men fornekter dens kraft – og disse skal du vende deg fra (Paulus' 2. brev til Timoteus 3:1-5).

Folk idag liker ikke disse tingene, men elsker penger og

fornøyelse. De søker etter deres egne gagn og begår forferdelige synder og ondskaper inkludert mord og brannstiftelse uten betenkeligheter eller skyldfølelse. Disse tingene skjer altfor ofte og så mange slike ting foregår rundt oss at menneskenes hjerter har blitt bare mere og mere følelsesløse helt til punktet hvor ikke noe overrasker de fleste mennesker mere. Ved å se alle disse tingene, kan vi ikke nekte med at forløpet av menneskenes historie virkelig går mot tidens ende.

Selv Israels historie råder oss til å se synene fra Herrens Andre Nedkomst og enden på verden.

Matteus' evangeliet 24:32-33 sier, *"Lær en lignelse av fikentreet: Så snart det kommer saft i dets grener, og dets blader springer ut, da vet dere at sommeren er nær; således skal også dere, når dere ser alt dette, vite at Han er nær for døren."*

"Fig treet" refererer her til Israel. Et tre ser dødt ut på vinteren, men når våren kommer, spirer det ut igjen og dens grener gror og vokser grønne blader. På samme måte siden ødeleggelsen av Israel fant sted i 70 e.Kr., virker det som om Israel fullstendig forsvant for omkring to tusen år, men når tiden kom for Gud til å velge, erklærte de sin selvstendighet og staten Israel ble bekjentgjørt 14. mai, 1948.

Hva som er mere viktig er at Israels selvstendighet indikerer at Jesus Kristus Andre Nedkomst er veldig nærme. Derfor burde Israel innse at Messias, som de fremdeles venter på, kom til jorden og ble alle menneskenes frelser for 2,000 år siden, og husk at Frelseren Jesus vil komme til jorden som en Dommer før eller senere.

Hva så vil skje med oss som lever på de siste dagene ifølge Bibelens forutsigelser?

Herrens Andre Nedkomst i Luften og Bortførelsen

For omkring 2,000 år siden ble Jesus korsfestet og oppsto den tredje dagen og brøt derfor dødens makt, og etterpå ble Han tatt opp til himmelen og mange mennesker som var tilstede var vitne til Hans oppståelse.

> *"Dere galileiske menn, hvorfor står dere og ser opp mot himmelen? Denne Jesus som er opptatt fra dere til himmelen, skal komme igjen på samme måte som dere så Ham fare opp til himmelen"* (Johannes' evangeliet 1:11).

Herren Jesus åpnet porten til menneskenes frelse gjennom Hans korsfestelse og oppstandelse, og ble så løftet opp til himmelen og satt på høyre siden av Guds trone og forbereder himmelske bosteder for de som har blitt frelst. Og når historien av menneskene tar slutt, vil Han komme igjen og ta oss tilbake. Hans Andre Nedkomst er godt beskrevet i Paulus' 1. brev til Tessalonikerne 4:16-17.

> *For Herren selv skal komme ned fra himmelen med et bydende rop, med overengels røst og med Guds basun, og de døde i Kristus skal først oppstå. Deretter skal vi som lever, som blir tilbake, sammen med dem rykkes i skyer opp i luften for å møte Herren, og så skal vi alltid være med Herren.*

Hva for en majestetisk scene det er når Herren kommer inn i luften i ærede skyer sammen med mangfoldige engler og himmelske verter! De som har blitt frelst vil sette på seg de udødelige åndelige kroppene og møte herren i luften, og så feire den 7 år lange Bryllupsmiddagen sammen med Herren vår evige Brudgom.

De som har blitt frelst vil bli løftet opp i luften og møte Herren, som er kalt "Bortføringen." Luftens kongedømme refererer til en del av himmelrike som Gud har forberedt for den 7-år lange Bryllupsmiddagen.

Gud delte opp det åndelige rike til et par rom, og en av dem er det andre himmelrike. Det andre himmelrike er delt opp igjen i to områder – Eden som er verdenen med lyset og verdenen med mørket. I en del av verdenen med lyset er det et spesielt sted som er laget for den syv år lange Bryllupsmiddagen.

Menneskene som har pyntet seg selv med tro for å nå frelse her i denne verdenen som er full av synd og ondskap, vil bli tatt opp i luften som Herrens bruder, og så møte Herren og nyte Bryllupsmiddagen der i 7 år.

La oss glede og fryde oss og gi ham æren! For Lammets bryllup er kommet, og Hans brud har gjort seg rede. Og det er hennes gitt og kle seg i rent og skinnende fint lin. For det fine lin er de helliges retferdige gjerninger. Og Han sier til meg: 'Skriv, "Salige er de som er innbudt til Lammets bryllups nattverd."' Og Han sier til meg, 'Dette er Guds sanne ord' (Johannes' åpenbaring 19:7-9).

De som vil bli tatt opp til luften vil bli trøstet for deres seier over verden med troen under Bryllupsmiddagen med Herren, mens de som ikke blir løftet opp vil lide forferdelige lidelser i prøvelsen av onde ånder som er drevet ut til jorden ved Herrens Andre Tilbakekomst i luften.

De Sju Årene Med den Store Prøvelsen

Mens de som har blitt frelset nyter den 7 år lange Bryllupsmiddagen i luften og drømmer om det lykkelige og evige himmelrike, den verste prøvelsen som er enestående i menneskenes historie vil dekke hele jorden og forferdelige ting vil skje.

Hvordan vil så den 7-år Store Prøvelsen starte? Siden vår Herre kommer tilbake i luften og så mange mennesker vil bli tatt opp dit på en gang, de som vil forbli på jorden vil bli så full av panikk og sjokkert på grunn av den overraskende forsvinnelse av deres familie, venner og naboer at de vil vandre rundt omkring og febrilsk lete etter dem.

Ganske snart vil de innse at Bortføringen som de kristne hadde pratet om virkelig inntraff. De vil føle seg forferdelig ved tanken på den 7-år Store Prøvelsen som vil komme over dem. De vil ble overveldet av forferdelig engstelse og en viss panikk. Og når førerne av fly, skip, tog, biler og andre kjøretøy blir løftet opp til himmelen, vil det bli ganske mange trafikkulykker, og branner vil også oppstå, og bygninger vil falle sammen, og verdenen vil da bli full av kaos og forferdelig forvirring.

Akkurat da vil det komme en person som vil bringe fred og orden til verden. Han er styreren av Den Europeiske Union. Han vil sette makten av politikken, økonomien, og de militære organisasjonene sammen, og med den samlede makten, vil han holde orden i verden og bringe fred og stabilisering til samfunnene. Det er på grunn av dette at så mange mennesker vil fryde seg over hans opptreden på verdens fasen. Mange vil entusiastisk ønske ham velkommen, støtte ham og aktivt hjelpe ham.

Han vil bli den antikristne som det er referert til i Bibelen og som vil lede den 7-år Store Prøvelsen, men et stykke tid vil det virke som om han er en "freds budbringer." Men i realiteten vil den ikke kristne bringe fred og orden til menneskene i de tidligere stadiene av den 7-år Store Prøvelsen. Redskapet som han vil bruke for å få fred i verden er merket til beistet, det '666' som det er skrevet om i Bibelen.

Og det gjør at det blir gitt til alle, små og store, rike og fattige, frie og trœler, et merke i deres høyre hånd eller på deres panne, og at ingen kan kjøpe eller selge uten den som har merket, dyrets navn eller tallet for dets navn. Her er visdommen. Den som har forstand, han regne ut dyrets tall, for det er et menneskes tall, og dets tall er seks hundre og seks og seksti (Johannes' åpenbaring 13:16-18).

Hva Er Beistets Merke?

Beistet blir referert til en datamaskin. Den Europeiske Union (EU) vil sette opp en organisasjon ved å ta fordel av datamaskiner. Ved EUs datamaskiner vil hver person bli gitt en strekkode på den høyre hånden eller på pannen. Strekkoden er merket til beistet. All slags personlig informasjon som hvert individ har vil bli satt inn i en strekkode, og strekkoden vil bli satt på hans/hennes kropp. Med denne strekkoden på kroppen, vil datamaskinen i EU kunne kontrollere, se, undersøke, og ha kontroll over hver eneste en i detaljer hvor enn han er og hva enn han gjør.

Våre nåtidens kredittkort og legitimasjonskort vil bli erstattet med beistets merke, "666." Menneskene vil ikke lenger trenge kontanter eller sjekker. De vil ikke lenger behøve å uroe seg om å miste deres eiendeler eller bli frarøvet deres penger. På grunn av dette sterke grunnlaget vil beistets merke "666" spre seg over hele verden på kort tid, og uten dette merke, kan ingen bli identifisert, men han vil heller ikke kunne selge eller kjøpe noe.

Fra begynnelsen av den 7-år Store Prøvelsen vil mennesker motta beistets merke, men de vil ikke bli tvunget til å motta det. De vil bare bli anbefalt å gjøre det til EU organisasjonen har fått et solid grunnlag. Så fort den første halvparten av den 7-år Store Prøvelsen er ferdig og organisasjonen har blitt stabil, da vil EU tvinge alle om å få merket og vil ikke tilgi de som nekter å akseptere det. EU vil derfor binde menenskene sammen gjennom beistets merke og lede dem akkurat som de vil.

På slutten vil de fleste menensker som har blitt igjen under den 7-år Store Prøvelsen bli begrenset av kontrollen til den ikke kristne og regjeringen til beistet. Fordi de ikke kristne vil bli styrt av fiende djevelen, vil EU forårsake mennesker til å motsi Gud og lede dem veien mot ondskap, urettferdighet, synder og ødeleggelse.

Noen mennesker vil forøvrig ikke overgi seg til den ikke kristnes regler. Det er de som har trodd på Jesus Kristus, men som har mislykkes med å bli løftet opp til himmelen når Herren kommer tilbake den andre gangen, fordi de ikke hadde sann tro.

Noen av dem hadde en gang akseptert Herren og levet i Guds nåde, men mistet senere nåden og havnet istedenfor tilbake til det verdslige, og noen andre profeterte om deres tro i Kristus og gikk i kirken, men levde i de verdslige nytelsene fordi de mislykkes med å få åndelig tro. Det er andre som akkurat har akseptert Herren Jesus Kristus og noen jøder har blitt vekket fra deres åndelige søvn gjennom Bortføringen.

Når de ser virkeligheten av Bortføringen, vil de innse at alle ordene i både det Gamle og det Nye Testamentet var sanne, og de vil klagende slå i bakken. De vil bli fanget av stor frykt, angre for at de ikke lever ifølge Guds vilje, og prøve å finne en måte til å motta frelse.

> *Og atter en tredje engel fulgte etter dem og sa med høy røst: 'Dersom noen tilber dyret og dets billede og tar merke på sin panne eller i sin hånd, da skal også han drikke av Guds vredes-vin, som er skjenket ublandet i hans harmes beger, og han skal pines med ild og svovel for de hellige englers og for Lammets øyne. Og røyken av deres pine stiger opp i all evighet, og de har ikke hvile dag eller natt de som tilber dyret og dets billede, og hver den som tar dets navns merke.' Her er de helliges tålmodighet, de som holder Guds bud og Jesu tro* (Johannes' åpenbaring 14:9-12).

De som mottar beistets merke, er tvunget til å bli lydig til de ikke kristne som motsier Gud. Derfor legger Bibelen trykk på at alle de som blir gitt merket til beistet ikke kan nå frelse. Under den Store Prøvelsen vil de som kjenner til dette faktum anstrenge seg for å ikke motta merket til beistet for å bevise at de har tro.

Identiteten til de ikke kristne vil bli avslørt veldig klart og tydelig. Han vil kategorisere de som motsier hans regler og som nekter å motta merket som samfunnets urene elementer, og fjerne dem fra samfunnet på grunn av at de brøt samfunnets fred. Og han vil tvinge dem til å fornekte Jesus Kristus og til å motta merket til beistet. Hvis de stritter imot, vil det bli voldsom forfølgelse og deres martyrdød vil komme etterpå.

Frelse av Martyrdød For å Ikke Ha Mottatt Merket til Beistet

Torturen for de som nekter å motta beistets merke under den 7-år Store Prøvelsen er forferdelig strenge. Torturene er altfor tunge for dem å bære, så vi kan bare finne noen få som kan overvinne det og få deres siste sjanse for deres frelse. Noen av dem vil si, "Jeg vil ikke forlate min tro på Herren. Jeg tror fremdeles på Ham av hele mitt hjerte. Torturer er så overveldende for meg at jeg bare nekter Herren med min munn. Gud vil forstå meg og redde meg" og så motta beistets merke. Men de kan ikke få frelse i det hele tatt.

For et par år siden mens jeg ba, viste Gud meg i et syn hvordan de som blir igjen under den Store Prøvelsen vil nekte å motta beistets merke og bli torturert. Det var et virkelig forferdelig syn! Torturistene stakk av, brakk alle leddene i kroppen til biter, kuttet av fingrene, tærne, armene og bena og helte kokende olje på deres kropper.

I løpet av den Andre Verdenskrig, skjedde den forferdelige slaktingen og torturer og de gjorde medisinske undersøkelser på levende kropper. Torturene kunne ikke sammenlignes med den

7-år Store Prøvelsen. Etter Bortføringen, vil de ikke kristne som er de samme som fiende djevelen styre over verden og ikke ha noen som helst barmhjertighet og medlidenhet med noen i det hele tatt.

Fienden djevelen og de ikke kristne styrkene vil overtale menneskene til å nekte Jesus på alle måter for å drive dem til helvete. De vil torturere de troende, men vil ikke drepe dem med det samme, med veldig dyktige torturerings metoder og med alle slags grusomme metoder. Alle slags torturerings metoder og dagens torturerings utstyr som blir brukt for torturering vil gi de troende ytterst mye panikk og smerter. Men bare de forferdelige torturene vil fortsette.

De torturerte menneskene ville ønske at de kunne bli drept snart, men kan ikke velge døden fordi de ikke kristne vil ikke drepe dem så lett og de vet godt at selvmord vil aldri føre dem til frelse.

I åpenbaringen viste Gud meg at de fleste av disse menneskene ikke kunne holde ut denne smerten med tortur og ga etter til de ikke kristne. For en periode virket det som om noen av dem holdt ut og overvant torturen med sterk vilje, men når de så deres elskede barn eller foreldre bli torturert på samme måte stoppet de å stritte imot, overga seg til de ikke kristne og mottok så beistets merke.

Blandt de torturerte menneskene, ganske mange av de som har et oppriktig og sannferdig hjerte vil overvinne de forferdelige torturene og kraftige fristelsene til de ikke kristne, og dø som martyrer. De som beholder deres tro gjennom martyrdøden under den Store Prøvelsen kan derfor være med på frelsens tog.

Veien til Frelse fra den Kommende Prøvelsen

Når Annen Verdenskrig brøt ut, hadde jødene, som levde fredelige liv i Tyskland ingen anelse om den forferdelige massakre, som slaktingen av 6 millioner mennesker, som ventet på dem. Ingen kunne ha forutsett at Tyskland som hadde gitt dem fred og stabilitet kunne plutselig forandre seg til slik en ond makt på en forholdsvis kort periode.

På den tiden, siden de ikke visste hva som vill skje, var jødene hjelpesløse og de kunne ikke gjøre noe for å unngå denne forferdelige lidelsen. Gud ønsker at Hans valgte folk skal unngå den kommende katastrofen i fremtiden. Derfor har Gud skrevet ned om verdens ende i detaljer i Bibelen og har latt Guds mennesker advare Israel om den kommende prøvelsen og vekke dem opp.

Den viktigste tingen for Israel å vite er at denne katastrofen med Prøvelsen kan ikke bli unngått, og istedenfor å rømme fra den, vil Israel ende opp midt i den Store Prøvelsen. Jeg håper at du innser at denne prøvelsen vil skje ganske snart og den vil komme til deg som en tyv hvis du ikke er forberedt. Du må vekke opp fra din åndelige søvn hvis du skal kunne rømme fra den forferdelige katastrofen.

Akkurat nå er tiden inne for å vekke opp Israel! De må angre på at de ikke anerkjente Messias, og må akseptere Jesus Kristus som menneskenes Frelser, og ha den sanne troen som Gud vil at de skal ha slik at de kan bli lykkelig bortført når Herren kommer tilbake i luften.

Jeg anbefaler deg om å huske på at de ikke kristne vil oppstå foran deg som fredens budbringere akkurat som Tyskland gjorde for en stund før den Andre Verdenskrigen. Han vil ofre fred og trøst, men veldig hurtig og fullstendig uventet, vil de ikke kristne holde den store makten, en styrke som samtidig vokser, og han vil bringe lidelse og katastrofer utenfor all din fantasi.

De Ti Tærne

Bibelen har mange profetiske sitater om hva som vil skje i fremtiden. Især hvis vi ser på forsynene som er skrevet ned i bøkene til de mektige profetene i det Gamle Testamentet forteller de oss på forhånd ikke bare om fremtiden til Israel men også om verdens fremtid. Hva tror du er grunnen? Israel som er Guds valgte folk, har vært, er og vil bli i midten av menneskenes historie.

Mektig Statue Skrevet ned i Daniels Forsyn

Boken med Daniel profeterer ikke bare om Israels fremtid, men også angående hva som vil skje med verden de siste dagene i forhold til slutten på Israel. I Boken Daniel 2:31-33, tolket Daniel drømmen til Kong Nebuchadnezzar ved Guds inspirasjon, og tolkingen var profeteringen om hva som ville skje ved tidens ende.

> *Konge, du så i ditt syn et stort billede; det var et veldig billede, og dets glans var overmåte stor; det stod like foran deg, og det var forferdelig og skue. Billedets hode var av fint gull, brystet og armene av*

sølv, buken og lendene av kopper, benene av jern og og føttene dels av jern og dels av ler (Profeten Daniel 2:31-33).

Hva profeterer så disse versene om angående verdenens siste dager?

"Den eneste mektige statuen" som Kong Nebuchadnezzar så i hans drøm er ikke noen annen enn den Europeiske Union. Idag er verden styrt av de to maktene – Amerikas forente stater og den Europeiske Union. Selvfølgelig kan ikke innflytelsen av Russland og Kina bli ignorert, men Amerikas forente stater og den Europeiske Union vil fremdeles bli de mest innflytelsesrike maktene i verden i område angående økonomi og militærets styrke.

For tiden, virker EU å være litt svak, men den vil bli større og større. Idag tviler ingen på dette. Opp til nå har USA vært den eneste dominante nasjonen i verden, men litt etter litt vil EU bli mere dominerende gjennom verdenen enn USA.

Bare et titall år tilbake, kunne ingen tenke seg at landene i Europa kanskje kunne bli samlet inn til et regjeringssystem. Selvfølgelig har landene i Europa diskutert en Europeisk Union i lang tid, men ingen kunne være sikre på at det kunne overstige hindringene av nasjonalsk identitet, språk, valuta og mange andre hindringer for å kunne formere en samlet organisasjon.

Men fra slutten av 1980 tallet, startet lederne fra de europeiske landene å seriøst diskutere om disse tingene simpelthen på grunn av de økonomiske bekymringene. I løpet av perioden av den Kalde Krigen, var hovedmakten med å beholde dominanse i verden gjennom militær styrken, men siden slutten av den Kalde Krigen skiftet hoved makten fra militær makten til økonomisk styrke.

For å forberede seg på dette har landene i Europa på grunn av dette prøvd å samle seg sammen, og de har blitt til en i en økonomisk union. Nå er det bare en ting som står igjen og det er poilitisk forening, å bringe landene sammen til et regjeringssytem, og situasjonen nå presser dette videre.

"Statuen som var stor og av ekstraordinær prakt, og som hadde et utrolig utseende," som Daniel 2:31 prater om, profeterer om veksten og aktiviteten til den Europeiske Union. Det forteller oss hvor sterk og mektig den Europeiske Union vil bli.

EU Vil Få Stor Makt

Hvordan vil EU få stor makt? Daniel 2:32 og videre gir oss et svar på hva statuets hode, bryst, armer, mave, lår, ben, og føtter er laget av.

Først og fremst sier Vers 32, *"Hodet til statuen var laget av fint gull."* Dette profeterer at EU vil forbedre seg økonomisk og befale økonomisk makt gjennom kapitalisering av rikdom. Som det er profetert om her vil EU dra nytte av og få mye utbytte av en økonomisk forening.

Videre sier det samme verset, "dens bryst og armer [ble laget] av sølv." Det symboliserer at EU vil bli sosialt, kulturelt og politisk forenet. Når en enslig president blir valgt til å representere EU, vil den fullføre politisk forenelse utenfra, og bli fullstendig forenet i sosiale og kulturelle aspekter. Men i en omgivelse med ufullstendig forening, vil hvert medlem søke etter deres egen økonomiske fordel.

Dertil står det, "dens mave og dens lår [var laget] av bronse." Dette symboliserer at EU vil fulføre militær forenelse. Hvert land i EU vil ha økonomisk styrke. Denne militær forenelsen vil prinsipielt bli for hensikten med økonomisk støtte, som er det endelige målet. For å kunne forene seg for å ta makten for å ha kontroll over verden gjennom økonomisk styrke, vil det ikke bli noe annet valg enn å bli forenet gjennom det sosiale, kulturelle, politiske, og militære område.

Til sist står det, "dens ben er laget av jern." Dette refererer til et annet fast grunnlag for å styrke og støtte EU gjennom religiøs forenelse. På de tidligere stadiene, vil EU bekjentgjøre katolisisme som deres stats religion. Katolisisme vil vinne styrke og bli en mekanisme for støtte til å forsterke og opprettholde EU.

Åndelige Betydningen av de Ti Tærne

Når EU er suksessful med å forene mange land i deres økonomiske, politiske, sosiale, kulturelle, militære, og religiøse område av innflytelse, vil den først vise frem sin forenelse og makt, men litt etter litt vil de begynne å erfare tegn med uenighet og oppløsning.

I det tidligere stadiet av EU, vil landene i EU bli forent fordi de gir hverandre konsesjon for gjensidige økonomiske fordeler. Men ettersom tiden går vil det bli sosiale, kulturelle, politiske og ideologiske forskjeller og uenighet vil øke blandt dem. Da vil de oppstå forskjellige tegn av splittelse. Til slutt vil religiøse konflikter komme frem – koflikter mellom katolisisme og protestantisme.

Daniel 2:33 sier, "...dens føtter er laget delvis av jern og delvis av leire," Det betyr at noen av de ti tærne er laget av jern og de andre av leire. De ti tærne refererer ikke til de "10 landene i EU." Disse refererer til "5 representerte land som tror på katolisisme og 5 andre representerte land som tror på protestantisme."
Akkurat som jern og leire ikke kan bli blandet sammen, de landene hvor katolisisme dominerer og de landene hvor protestantisme dominerer kan ikke fullstendig bli forent, det vil si, de som dominerer og de som blir dominert kan ikke blandes.
Ettersom tegnet med uenighet i EU øker, vil de føle det mere og mere nødvendig å forene landene i religionen, og katolisisme oppnår mere makt på flere steder.

For økonomiske fordeler vil derfor den Europeiske Union bli formert de siste dagene, og vil så øke med enorm makt. Senere vil EU forene dens religion som katolisisme og foreningen av EU vil bli sterkere, og til slutt vil EU stå frem som et idol.

Idoler har en tendens til å bli tilbedt og æret av mennesker. På denne måten vil EU lede verdens strømmen med stor makt, og regjere over verden som et mektig idol.

Den Tredje Verdenskrigen og den Europeiske Union

Akkurat som det ble sagt ovenfor, når vår Herre kommer tilbake i luften ved tidens slutt, vil mangfoldige troende bli løftet opp i luften på en gang, og forferdelig mye kaos vil inntreffe her på jorden. I mellomtiden vil EU ta makten og dominere over verden for å holde fred og orden for hele verden for en kort tid, men senere vil EU motsi Herren og være lederen i den 7-år Store Prøvelsen.

Senere vil medlemmene av EU dele seg opp fordi de henholdsvis vil søke etter ting for deres egen fordel. Dette vil skje i midten av den 7-år Store Prøvelsen. Begynnelsen av denne 7-år Store Prøvelsen, som det er profetert om i 12. kapittelet i Boken til Daniel, vil skje ifølge Israels historie og verdens historien.

Like etter at den 7-år Store Prøvelsen blir satt igang, vil EUs makt og styrke øke veldig mye. De vil velge en enkelt president for Unionen. Det vil skje like etter at de som har akseptert Jesus Kristus som Frelseren og mottat rettighetene til å bli Guds barn er med det samme transformert og løftet opp til himmelen ved

Herrens Andre Nedkomst i luften.

De fleste av jødene som ikke mottar Jesus som Frelseren vil bli tilbake på jorden og lide i den 7-år Store Prøvelsen. Elendigheten og forferdelsen av den Store Prøvelsen vil bli enormt ubeskrivelig. Verden vil bli full av de mest hjerteskjærende tingene inkludert krig, mord, henrettelser, hungersnød, sykdommer, og calamitter som er mere ekstreme enn noe annet i menneskenes historie.

Begynnelsen av den 7-år Store Prøvelsen vil bli markert i Israel med en krig som vil begynne mellom Israel og Midt Østen. Urimelig mye spenning har i lang tid oppstått mellom Israel og resten av nasjonene i Midt Østen og grensekonflikter har aldri fullstendig stoppet. I fremtiden vil denne konflikten bli verre. En forferdelig krig vil finne sted på grunn av at verdensmaktene vil gripe inn i handelen om olje. De vil krangle med hverandre for den høyeste tittelen og fordelen i internasjonale saker.

Amerikas forente stater som tradisjonelt har vært Israels allierte i lang tid vil støtte Israel. Den Europeiske Union, Kina, og Russland, som er imot USA, vil alliere seg med Midtøsten, og så vil den Tredje Verdenskrig bryte ut mellom begge partene.

Den Tredje Verdenskrig vil bli totalt forskjellig fra den Annen Verdenskrig i størrelse. I Annen Verdenskrig ble flere enn 50 millioner mennesker drept eller døde på grunn av krigen. Nå som makten av de moderne våpnene inkluderer atombomber, kjemiske og biologiske våpen, og mange andre kan ikke bli sammenlignet med de i den Annen Verdenskrig, og resultatet av disse vil bli utrolig skremmende.

Alle slags våpen inkludert atombomber og forskjellige moderne våpen som har blitt oppfunnet siden den tid vil bli brukt nådesløst, og ubeskrivelige ødeleggelser og slakting vil komme etter. Landene som har ført krigen vil bli fullstendig ødelagte og fattige. Dette vil ikke bli slutten på krigen. Nukleær eksplosjon vil bli fulgt av radioaktivitet, og radioaktiv forurensing, seriøs forandring i klimaet og calamitter vil dekke hele jorden. På grunn av dette vil hele jorden så vel som alle landene som hadde ført krigen være i et helvete på jorden.

I midten av det hele vil de stoppe angrepene med atomvåpnene fordi hvis en bruker dem mere, vil det true alle menneskenes tilværelse. Men alle andre våpen og de mange hærene vil fremskynde krigen. USA, Kina, og Russland vil ikke kunne komme seg på bena igjen.

De fleste land i verden vil nesten bryte sammen, men EU vil kunne rømme fra den mest ødeleggende skaden. EU vil love å støtte Kina og Russland, men under krigen, vil EU ikke delta aktivt i slåssingen slik at de ikke vil lide så mye tap som de andre.

Når mange verdens makter inkludert USA lider så mye tap og mister makten i virvelvinden til den makeløse krigen, vil EU bli den sterkeste nasjonale allianse og vil styre over verden. Først vil EU simpelthen se på krigens utvikling og når de andre landene er fullstendig ødelagte økonomisk og militært, da vil EU komme til og begynne å løse krigen. De andre landene vil ikke ha noe annet valg enn å følge avgjørelsen til EU fordi de selv har mistet all makten.

Fra dette punktet og videre vil den 7-år Store Prøvelsen begynne, og for de neste tre og et halvt år vil de ikke kristne, som styrer EU, ha kontroll over hele verden og kanonisere seg selv. Og de ikke kristne vil torturere og forfølge de som motsier dem.

Den Sanne Personligheten til de Ikke Kristne blir Avslørt

I de tidlige stadiene av den Tredje Verdenskrig vil mange land ha blitt plaget med store tap fra krigen og EU vil love dem økonomisk hjelp gjennom Kina og Russland. Israel har blitt ofret som den sentrale fokuseringen av krigen og på denne tiden vil EU love å bygge Guds hellige tempel som Israel har lengtet så veldig etter. Ved denne forsoningen av EU, vil Israel drømme om opplivelsen av æren som de nøt i Guds velsignelse lang tid tilbake. På grunn av dette vil også de bli alliert med EU.

På grunn av hans støtte for Israel, vil Presidenten for EU bli sett på som en frelser av jødene. Det vil virke som om den forlengede krigen i Midtøsten har stoppet, og de vil igjen gjenopprette det Hellige Land og bygge det hellige tempelet for Gud. De vil tro at Messias og deres Konge, som de har ventet på så lenge, har endelig kommet og fullstendig gjenopprettet Israel og lovpriset dem.

Men deres forventninger og glede vil falle ned til bakken ganske snart. Når Guds hellige temple blir gjenopprettet i Jerusalem, vil noe uventet skje. Det har blitt profetert om dette gjennom Boken til Daniel.

> *Og en uke skal gjøre pakten fast for de mange; og i midten av uken skal slaktoffer og matoffer opphøre, og på vederstyggelighetenes vinger skal ødeleggeren komme, og det inntil tilintetgjørelse og fast besluttet straffedom strømmer ned over den som ødelegges* (Daniel 9:27).

> *Og hærer som han sender ut, skal komme og vanhellige helligdommen, den faste borg, og avskaffe det stadige offer, og stille opp den ødeleggende vederstyggelighet* (Profeten Daniel 11:31).

> *Og fra den tid det stadige offer blir avskaffet, og den ødeleggende vederstyggelighet blir stilt opp, skal det gå 1,290 dager* (Profeten Daniel 12:11).

Disse tre versene henspiller alle til en enkel episode som de har til felles med. Det er denne episoden som vil skje på slutten av tiden, og Jesus pratet også om slutten av tiden i dette verset.

Han sa i Matteus 24:15-16, "*Når dere da ser ødeleggelsens vederstyggelighet, som profeten Daniel har pratet om, stå på hellig grunn – den som leser det, han se til å skjønne det, da må de som er i Judea, fly til fjells.*"

Først vil jødene tro at EU har gjenoppbygget Guds hellige

tempel i det Hellige Landet som de ser på som hellig, men når vederstyggeligheten oppholder seg på det hellige stedet, vil de bli sjokkerte og innse at deres tro har vært feilaktig. De vil se at de har snudd seg ifra Jesus Kristus og at Han er deres Messias og menneskenes Frelser.

Det er på grunn av dette at Israel nå må våkne. Hvis Israel ikke våkner nå, vil de ikke kunne innse sannheten i tide. Israel vil innse sannheten altfor sent, og så vil det bli ugjenkallelig.

Så jeg ønsker virkelig at Israel skal bli vekket opp slik at de ikke skal falle inn i fristelsen av den ikke kristne og motta beistets merke. Hvis du blir bedratt av de milde og fristende ordene til de ikke kristne som lover deg fred og rikdom og mottar merket til beistet, "666," vil du bli drevet til å falle på veien til det ugjenkallelige og den evige døden.

Hva som er sørgeligere er at bare etter at identiteten av beistet har blitt avslørt, som det ble profetert om av Daniel, vil mange av jødene innse at fokuseringen på deres tro har vært feilaktig. Gjennom denne boken håper jeg at du vil akseptere den Messias som allerede ble sendt av Gud og unngå å falle inn i den 7-år Store Prøvelsen.

Derfor som jeg fortalte dere ovenfor, må du akseptere Jesus Kristus og få en tro som er riktig i Guds øyne. Det er den eneste måten du kan rømme fra den 7-år Store Prøvelsen.

Så synd det vil være hvis du mislykkes i å bli løftet opp til himmelen og blir satt igjen på jorden ved Herrens Annen

Nedkomst! Men heldigvis vil du finne en siste sjanse for din frelse.

Jeg bønnfaller deg iherdig om å akseptere Jesus Kristus med det samme, å leve i fellesskap med brødre og søstre i Kristus. Men selv nå er det ikke for sent for deg å lære gjennom Bibelen og denne boken hvordan du kan beholde din tro i den kommende Store Prøvelsen og finne veien som Gud har forberedt for din siste mulighet for frelse, og for å bli ført til denne veien.

Guds Usvikelige Kjærlighet

Gud har fullført Hans forsyn for menneskenes frelse gjennom Jesus Kristus, og uansett rase og nasjonalitet, samme hvem som aksepterer Jesus som deres Frelser og følger Guds vilje, har Gud gjort ham til Hans barn og tillatt ham å nyte det evige livet.

Men hva har skjedd med Israel og deres folk? Mange av dem har ikke akseptert Jesus Kristus og holder seg langt vekk fra frelsens vei. Hvor ille det er at de ikke kan innse veien til frelse gjennom Jesus Kristus selv etter at Herren kommer tilbake i luften og tar Guds frelsede barn fra jorden og opp i luften!

Hva vil det så bli ut av Israel som er Guds utvalgte? Vil de bli utelukket fra toget med Guds frelsede barn? Kjærlighetens Gud har forberedt Hans utrolige plan for Israel på slutten av menneskenes historie.

> *Gud er ikke et menneske at Han skulle lyve, ei heller et menneskes barn at Han skulle angre; skulle Han si noe og ikke gjøre det, skulle Han tale og ikke sette det i verk?* (Fjerde Mosebok 23:19)

Hva er det siste forsyn som Gud har planlagt for Israel på slutten av tiden? Gud har forberedt veien til den "innsamlede frelse" for Hans utvalgte Israel slik at de kan nå frelse ved å innse at den Jesus som de korsfestet er Messias som de har sett frem til i lang tid og angrer iherdig på deres synder foran Gud.

Innsamlet Frelse

I løpet av den Store Prøvelsen, fordi de hadde vært vitne til mange mennesker som hadde blitt løftet opp til himmelen og begynte å kjenne sannheten, ville noen mennesker som har blitt igjen her på jorden tro og akseptere faktumet i deres hjerter at himmelen og helvete virkelig eksisterer, Gud lever, og bare Jesus Kristus er vår Frelser. De vil forøvrig prøve å ikke motta beistets merke. Etter Bortføringen, vil de bli seg selv igjen, lese Guds ord i Bibelen, komme sammen og ha gudstjenester og prøve å leve ifølge Guds ord.

I de tidligere stadiene til den Store Prøvelsen vil mange mennesker kunne føre religiøse liv og til og med evangelisere andre fordi det ikke ennå vil bli noen organiserte forfølgelser. De vil ikke ennå motta beistets merke fordi de har allerede visst at de ikke kan motta frelse med merket, og prøver deres beste med å leve et liv som er verdig frelse selv under den Store Prøvelsen. Men det vil være virkelig vanskelig for dem å beholde deres tro fordi den Hellige Ånd har forlatt jorden.

Mange av dem vil gråte på grunn av at de ikke lenger har noen til å føre gudstjenestene og til å hjelpe dem med å øke deres tro. De må holde på deres tro uten beskyttelse og styrke fra Gud. De vil sørge fordi de vil angre på at de ikke har fulgt undervisningen om Guds ord selv om de ble advart om å akseptere Jesus Kristus og om å føre trofaste liv. De må beholde deres tro under alle slags prøver og forfølgelser i denne verdenen hvor de vil ha vanskeligheter med å finne Guds sanne ord.

Noen av dem vil gjemme seg dypt inne i fjellene for ikke å få beistets merke, '666.' De må søke etter røtter fra planter og trær og drepe dyr for mat fordi de kan hverken kjøpe eller selge noe for å få mat uten beistets merke. Men under den andre halvdelen av den Store Prøvelsen, i tre og et halvt år, vil hæren med de ikke kristne strengt og oppmerksomt forfølge de troende. Det vil ikke spille noen rolle i hvilke fjeller de vil gjemme seg, for de vil bli funnet og brakt tilbake av hæren.

Regjeringen til beistet vil plukke opp de som ikke har mottat beistets merke og tvinge dem til å fornekte Herren og til å motta merket gjennom voldsomme torturer. Til slutt vil mange av dem gi opp og ikke ha noe annet valg enn å motta merket på grunn av forferdelig mye smerte og skrekkeligheter fra lidelsene.

Hæren vil henge dem opp på veggen nakne og bore hull gjennom kroppen deres med et vridbor. De vil skrelle hele kroppen fra topp til tå. De vil torturere barna deres foran dem. De torturene som hæren gir dem er usedvanlig sadistiske slik at det vil bli forferdelig vanskelig for dem å dø som en martyr.

Det er derfor bare noen få som har overvunnet alle torturene med sterk vilje og som har oversteget grensen av menneskenes styrke og dødd martyrdøden og som kan få frelse og nå himmelrike. Noen mennesker vil derfor bli reddet gjennom å holde deres tro uten å bedra Herren og ofre deres liv i martyrdom under kontrollen av de ikke kristne under den Store Prøvelsen. Dette er kalt "Innsamlet Frelse."

Gud har dype hemmligheter som Han har forberedt for den innsamlede frelse av Guds valgte, Israel. Det er To Vitner og stedet, Petra.

Fremtredenen og Prestetjenesten til de To Vitnene

Johannes' åpenbaring 11:3 sier, *"Og jeg vil gi mine to vitner at de skal være profeter i tusen to hundre og seksti dager, kledd i sekk."* To Vitner er nøyaktig de menenskene som Gud har bestemt seg for i Hans planer siden før tidens begynnelse for å redde de utvalgte, Israel. De vil vitne til jødene i Israel at Jesus Kristus er den eneste Messias som har blitt profetert i det Gamle Testamentet.

Gud har pratet til meg angående de To Vitnene. Han forklarte til dem at de ikke er så gamle, de spaserer i rettferdigheten, og de har oppriktige hjerter. Han lot meg vite hva slags tilståelse en av de To holder foran Gud. Hans tilståelse sier at han har trodd på jødedom, men han hørte at mange mennesker trodde på Jesus Kristus som Frelseren og at de pratet om Ham. Så han ber til Gud om å hjelpe ham om å innse hva som er riktig og sant ved å si,

"Å, Gud!

Hva er dette problemet i ditt hjerte?
Jeg tror at alle de tingene
som mine foreldre har sagt siden jeg var ung
er sanne,
men hva er disse problemene og spørsmålene i mitt hjerte?

Mange mennesker prater og uttrykker seg om Messias.

Men bare hvis noen kan vise meg
med lyder og klare bevis
om det er riktig å tro på dem
eller å tro på det som jeg har blitt lært siden jeg var ung,
vil jeg være lykkelig og takknemlig.

Men jeg kan ikke se noe som helst,
og å følge hva disse folkene prater om,
må jeg se på det som meningsløst og dumt
det jeg har holdt på siden jeg var ung.
Hva er virkelig riktig i Ditt syn?

Fader Gud!
Hvis du vil
vise meg en person
som kan opprette alt og forstå alt.
La ham komme til meg og undervise meg

om hva som virkelig er riktig og hva som er virkelig sant.

Idet jeg ser opp i luften,
har jeg dette problemet i mitt hjerte,
og hvis noen kan løse dette problemet,
venligst henvis han til meg.

Jeg kan ikke bedra mitt hjerte av alle de tingene som jeg har trodd på,
og idet jeg betrakter alle disse tingene,
hvis det overhode er noen som kan lære og vise meg dem,
bare hvis han kan vise meg at det er sant,
vil det ikke bli at jeg bedrar alle tingene
som jeg har lært og sett.

Derfor, Fader Gud!
Venligst vis meg det.

Gi meg forståelse på alle disse tingene.

Jeg har problemer med så mange ting.
Jeg tror at alle tingene som jeg har hørt opp til nå er sanne.

Men ettersom jeg har overveiet dem igjen og igjen,
har jeg mange spørsmål, og min tørst er ikke slukket;
Hvorfor er det slik?

Derfor er det bare hvis jeg kan se alle disse tingene
og kan være sikker på dem;
bare hvis jeg kan være sikker på at det ikke er noe bedrageri
mot måten jeg har sett ting på opp til nå;
bare hvis jeg kan se hva den virkelige sannheten er;
bare hvis jeg kan finne ut av alle tingene
som jeg har tenkt på,
kan jeg få fred i mitt hjerte."

Ti Vitner som er jøder søker dypt etter den rene sannheten, og Gud vil svare dem og sende dem Guds mann. Gjennom Guds mann vil de innse Guds forsyn til Guds menneskelige kultivasjon og akseptere Jesus Kristus. De vil oppholde seg på jorden under den 7-år Store Prøvelsen og holde prestetjeneste for Israels angring og frelse. De vil motta den spesielle makten til Gud og vitne om Jesus Kristus til Israel.

De vil komme frem fullstendig frelst i Guds syn, og holde prestetjeneste i 42 måneder som det ble skrevet om i Johannes åpenbaring 11:2. Grunnen til at de To Vitnene kom fra Israel er på grunn av at begynnelsen og enden på evangeliet er Israel. Evangeliet er spredd ut i verden av Apostelen Paulus, og hvis evangeliet nå rekker Israel, som er dens begynnelses punkt, vil arbeidet av evangeliet bli avsluttet.

Jesus sa i Apostlenes gjerninger 1:8, *"men dere skal få kraft idet den Hellige Ånd kommer over dere, og dere skal være mine vitner både i Jerusalem og i hele Judea og Samaria og like til jordens ende."* "Jordens ende" refererer her til Israel som er Evangeliets siste mål.

De To Vitnene vil forkynne om budskapet på korset til jødene og forklare dem om frelsens vei med Guds brennende makt. Og de vil utføre utrolige undere og mirakuløse tegn og bekrefte budskapet. De vil ha makten til å stoppe himmelen, slik at det ikke vil regne i løpet av dagene som de profeterer; og de har makt over vannene ved å gjøre det til blod, og til å ramme jorden med alle plagene, så ofte de ønsker.

Mange jøder vil komme tilbake til Herren, men samtidig vil andre bli skjært av deres samvittighet og prøve å drepe de To Vitnene. Det er ikke bare de Jødene, men også mange onde mennesker i andre land som blir styrt av de ikke kristne og som vil alvorlig hate de To Vitnene og prøve å drepe dem.

To Vitners' Martyrdøder og Oppstandelse

Makten som de To Vitnene har er så mektig at ingen vil våge å skade dem. Til slutt vil nasjonens myndigheter ta del i å drepe dem. Men grunnen til at de To Vitnene vil bli drept er ikke på grunn av nasjonens myndighet, men på grunn av at det er Guds vilje for dem å bli martyrer på en bestemt tid. Stedet de vil bli torturert er ingen andre enn stedet med Jesus' korsfestelse, og det innebærer deres oppstandelse.

Når Jesus var korsfestet, vaktet de romerske soldatene over Hans grav slik at ingen ville ta Hans kropp. Men Hans kropp var ikke sett senere fordi Han oppsto fra de døde. De menneskene som ville drepe de To Vitnene vil huske dette og bekymre seg for at noen kanskje vil ta deres kropper. Så de vil ikke tillate at deres kropper blir begravet i en grav, men lar deres døde kropper ligge på gaten slik at folkene på jorden kan se på deres døde kropper. På dette synet, vil de onde menenskene som har skjært deres samvittighet på grunn av evangeliet som de To Vitnene forkynte om, i høy grad juble over deres død.

Hele verden vil juble og feire, og massemedia vil spre nyhetene om deres død til verden gjennom satelittene i tre og en halv dag. Etter tre og en halv dag vil oppstandelsen til de To Vitnene finne sted. De vil bli gjort levende igjen, reist opp og løftet opp til himmelen i ærens skyer akkurat som Elias hadde blitt tatt opp til himmelen i virvelvinder. Denne utrolige scenen vil bli kringkastet over hele verden og mangfoldige mennesker vil se på det.

Og akkurat da vil det bli et stort jordskjelv, og en tiendedel av byen vil falle, og syv tusen mennesker vil bli drept i jordskjelvet. Johannes åpenvaring 11:3-13 beskriver dette i detaljer på følgende måte.

Og jeg vil gi mine to vitner at de skal være profeter i tusen to hundre og seksti dager, kledd is sekk. Dette er de to oljetrær og de to lysestaker som står for jordens Herre. Og dersom noen vil gjøre dem skade, da går det ild ut av deres munn og fortærer deres fiender; ja dersom noen vil gjøre dem skade, da skal han drepes på den måte. Disse har makt til å lukke himmelen, slik at det ikke vil regne i løpet av dagene som de profeterte; og de har makt over vannene ved å gjøre de til blod, og til å ramme jorden med alle plagene, så ofte de ønsker. Når de har fullført sitt vitnesbyrd, da skal dyret som stiger opp av avgrunnen, føre krig mot dem og seire over dem og drepe dem. Og deres lik skal ligge på gaten i den store by, den som i åndelig mening kalles Sodoma og Egypten, der hvor deres Herre ble korsfestet. Og noen blandt folkene og stammene og tungene og ættene skal se deres lik i tre dager og en halv, og ikke tillate at deres lik blir lagt i grav. Og de som bor på jorden, skal glede seg over dem og fryde seg, og de skal sende gaver til hverandre, fordi disse to profeter var til plage for dem som bor på jorden. Og etter de tre dager og en halv kom det livsånde fra Gud i dem, og de reiste seg opp på sine føtter, og en stor frykt falt på dem som så dem. Og de hørte en høy røst fra himmelen si til dem: "Stig opp her!" Og de steg opp til himmelen i skyen, og deres fiender så dem. Og i samme stund ble det et stort jordskjelv, og tiendedelen av byen falt, og syv tusen mennesker ble drept i jordskjelvet; og de andre ble forferdet og ga himmelens Gud ære (Johannes' åpenbaring 11:3-13).

Samme hvor stae de vil være, hvis de har den minste godheten i deres hjerte, vil de innse at det store jordskjelvet og oppstandelsen og oppstigningen til himmelen av de To Vitnene er Guds arbeide, og burde derfor gi ære til Gud. Og de vil bli drevet til å erkjenne det faktum at Jesus oppsto ved Guds makt for omkring 2,000 år siden. Uansett alle disse begivenhetene, vil noen onde mennesker fremdeles ikke lovprise Gud.

Jeg anbefaler dere alle til å akseptere Guds kjærlighet. Helt til det siste sekundet ønsker Gud å redde deg og ønsker at du vil høre på de To Vitnene. De To Vitnene vil være vitne til den store makten til Gud og at de har kommet fra Gud. De vil vekke mange mennesker med Guds kjærlighet og Hans vilje for dem. Og de vil lede deg til å forstå den siste sjansen for frelse.

Jeg ber deg iherdig om ikke å stå ved siden av fiendene som tilhører den djevelen som vil føre deg den gale veien mot ødeleggelse, men å høre på de To Vitnene og nå frelse.

Petra, et Tilflukssted for Jødene

Den andre hemmeligheten som Gud har gjort klar for Hans utvalgte, er Petra, et tilfluktssted under den 7-år Store Prøvelsen. Esaias 16:1-4 forklarer om dette stedet som heter Petra.

> *Send landsherren de lam han skal ha, fra Sela gjennom ørkenen til Sions datters berg! Som flagrende fugler, lik unger som er jaget bort fra redet, skal Moabs døtre være ved Arnons feriesteder. Gi råd*

finn utvei for oss! La din skygge mitt på dagen være som natten! Skjul de fordrevne, forråd ikke dem som flykter! La mine fordrevne barn få herberge hos deg! Vær et skjul for Moab mot ødeleggeren! For det er forbi med voldsmannen, ødeleggelsen får ende, undertrykkerne blir borte av landet.

Moabs land indikerer landet til Jordan på den østerlige siden av Israel. Petra er et arkeologisk sted i sørvest Jordan, som ligger i skråning av Hor fjellet som en dokk mellom fjellene som utgjør den østerlige siden av Arabah (Wadi Araba), den store dalen som går fra Døde Havet til Aqaba Gulfen. Petra er vanligvis identifisert med Sela som betyr en klippe, med de Bibelske referansene i 2. Kongebok 14:7 og Profeten Esaias 16:1.

Etter at Herren kommer tilbake i luften, vil Han motta de frelsede menneskene og nyte den 7-år Store Festmiddagen, og så vil Han komme ned til jorden sammen med dem og styre over verden i løpet av Millenium. For de 7 årene, fra Herrens Andre Tilbakekomst i luften for Bortføringen til Hans nedkomst til jorden, den Store Prøvelsen vil dekke jorden, og for de tre og et halv årene under den andre halvdelen av den Store Prøvelsen – for 1,260 dagene, vil menneskene i Israel gjemme seg på stedet som Gud har forberedt for dem ifølge Hans plan. Gjemmestedet er Petra (Johannes åpenbaring 12:6-14).

Hvorfor trenger så jødene dette gjemmestedet?

Etter at Gud hadde valgt folkene fra Israel, har Israel blitt angrepet og forfulgt av mange ikke jødiske folk. Grunnen er at djevelen som alltid motsier Gud har prøvd å hindre Israel fra å motta velsignelse fra Gud. Det samme vil skje ved tidens slutt.

Når jødene innser gjennom den 7-år Store Prøvelsen at deres Messias og Frelser er Jesus, som kom ned til jorden for 2,000 år siden, og prøver å angre, vil djevelen plage dem helt til slutten for å unngå at jødene skal beholde deres tro.

Gud som vet alt, har forberedt et gjemmested for Hans utvalgte Israel, hvor Han demonstrerer Hans kjærlighet for dem og vil ikke unnvære Hans omtenksomme kjærlighet for dem. Ifølge Hans kjærlighet og Guds plan, vil Israel gå til Petra for å unngå ødeleggerne.

På måten som Jesus sa det i Matteus' evangeliet 24:16, *"Da må de som er i Judea fly til fjells,"* jødene kan rømme fra den 7-år Store Prøvelsen på hjemmestedet i fjellene, og beholde deres tro og nå frelsen der.

Nå dødens engel ødela alle de førstefødte i Egypt, kontaktet hebreerne hverandre hurtig i all hemmelighet og rømte fra den samme plagen ved å putte et lams blod på de to dørstolpene og på overkarmen av huset deres.

På den samme måten vil jødene kontakte hverandre veldig hurtig agående hvor de skal gå og flytte gjemmestedet før regjeringen til de ikke kristne begynner å arrestere dem. De har hatt kunskap om Petra fordi mange evangelister har hele tiden vært vitne til gjemmestedet, og til og med for de som ikke har trodd, vil de også forandre deres tanker og søke etter gjemmestedet.

Dette gjemmestedet kan ikke innlosjere altfor mange mennesker. Det er faktisk mange mennesker som har angret gjennom de To Vitnene som ikke vil gjemme seg på Petra og beholde deres tro under den Store Prøvelsen og så dø som martyrer.

Guds kjærlighet gjennom To Vitner og Petra

Kjære brødre og søstre, har deres mistet deres sjanse for frelse gjennom Bortførelsen? Betenk deg så ikke om å dra til Petra, din siste sjanse for frelse som er gitt til deg av Guds nåde. Snart vil det skje store katastrofer fra de ikke kristne. Du må gjemme deg selv i Petra før døren til den siste nåden blir lukket ved makten til de ikke kristnes avbrytelse.

Har du mislykkes i å få en sjanse til å komme inn til Petra? Da er den eneste måten for deg å få frelse og komme inn til himmelen ved å ikke nekte Herren og ikke motta beistets merke "666." Du må overvinne alle slags skremmende torturer og dø martyrerenes død. Det er ikke vanskelig i det hele tatt, men du må gjøre dette for å flykte fra de evige torturene i tjernet med den brennende ilden.

Jeg ønsker med all begeistring om å ikke snu meg vekk ifra frelse ved å hele tiden minnes den usvikelige kjærligheten fra Gud og for å dristig overvinne alt. Mens du sliter og kjemper mot alle slags fristelser og forfølgelser vil de ikke kristne pålegge deg, oss brødre og søstre vil virkelig be for din seier.

Men vårt virkelige ønske er å akseptere Jesus Kristus før alle disse tingene skjedde, og for å bli løftet opp i himmelen sammen med oss og ankomme Bryllupsmiddagen når vår Herre kommer tilbake. Vi ber uopphørlig med kjærlighets tårer om at Gud vil huske troens gjerninger til dine mektige fedre og avtalene som Han hadde hatt med dem og gi deg den store nåde med frelse en gang til.

I Hans mektige kjærlighet har Gud forberedt To Vitner og Petra slik at du kan akseptere Jesus Kristus som Messias og Frelseren og nå frelsen. Helt til det siste øyeblikket i menneskenes historie anbefaler jeg dere å huske på denne usvikelige kjærligheten til Gud som aldri vil miste troen på deg.

Før de kan sende deg To Vitner for å forberede den kommende Store Prøvelsen, har Guds kjærlighet sendt en av Guds menn og latt ham fortelle deg hva som vil skje ved tidens slutt og føre deg mot frelse. Gud vil ikke at et eneste menneske skal bli igjen i midten av den 7-år Store Prøvelsen. Selv om du ville være igjen her på jorden etter Bortførelsen, vil Han at du skal holde på frelsens siste strå. Dette er Guds store kjærlighet.

Det vil ikke bli lenge før den 7-år Store Prøvelsen begynner. I den største og mest enestående prøvelsen gjennom menneskenes historie, vil vår Gud fullføre Hans kjærlige planer for deg Israel. Historien av menneskenes kultivasjon vil bli fullført sammen med fullførselen av Israels historie.

Hva om jødene ville forstå Guds sanne vilje og akseptere Jesus som deres Frelser med en gang. Selv om Israels historie som det er skrevet om i Bibelen ville bli rettet på og skrevet om igjen, vil Gud gjøre dette villig. Det er på grunn av at Guds kjærlighet for Israel er utenfor all vår fantasi.

Men mange jøder har gått, og vil nå gå deres egne veier helt til de møter det kritiske øyeblikket. Gud den Allmektige som kjenner til alt som skal skje i fremtiden har bestemt seg for din siste sjanse for frelse og leder deg men usvikelig kjærlighet.

Se, jeg sender dere Elias, profeten, før Herrens dag kommer, den store og forferdelige. Han skal vende fedrenes hjerte til barna, og barnas hjerte til deres fedre, så jeg ikke skal komme og slå landet med bann (Profeten Malakias 4:5-6).

Jeg gir all takknemlighet til Gud som ikke bare fører Israel, Hans utvalgte, mot frelse, men også alle menneskene fra alle nasjonene med Hans endesløse kjærlighet.

Forfatteren:
Dr. Jaerock Lee

Dr. Jaerock Lee var født i Muan, Jeonnam Province, den Koreanske Republikken, i 1943. Da han var i tjueårene, led Dr. Lee av forskjellige uhelbredelige sykdommer i sju år og ventet på døden uten noen som helst håp om helbredelse. Men en dag på våren i 1974 ble han ført til en kirke av hans søster, og når han knelte ned for å be, helbredet den levende Gud ham av alle hans sykdommer med det samme.

Fra dette øyeblikket hvor han møtte den levende Gud gjennom denne vidunderlige erfaringen, har Dr. Lee elsket Gud med hele sitt hjerte, og i 1978 ble han tilkalt for å tjene Gud. Han ba iherdig gjennom mangfoldige bønner slik at han klart og tydelig kunne forstå Guds vilje, fullstendig fullføre den og adlyde Guds Ord. I 1982 startet han Manmin Sentral Kirken i Seoul, Korea, og Guds mangfoldige under, inkludert mirakuløse helbredelser, tegn og under, har helt siden da av funnet sted i denne kirken.

I 1986, ble Dr. Lee presteviet ved Jesus Årlige Forsamling i Sungkyul Kirken i Korea, og fire år senere i 1990, begynte de å kringkaste hans gudstjeneste i Australia, Russland, og i Filippinene. Innen kort tid nådde de mange flere land gjennom den Fjerne Østens Kringkastingsfirma, Asias Kringkastingsstasjon, og Washingtons Kristelige Radio System.

Tre år senere, i 1993, ble Manmin Kirken valgt som en av "Verdens Topp 50 Kirker" av Christian World magasinet (US) og han mottok en Æres Doktorgrad for Guddommelighet fra Christian Faith College, Florida, USA, og i 1996 mottok han hans doktorgrad i prestetjeneste fra Kingsway Theological Seminary, Iowa, USA.

Siden 1993, har Dr. Lee stått i spissen for verdens forkynnelse gjennom mange utenlandske kampanjer i Tanzania, Argentina, L.A., Baltimore, Hawaii, og byen New York i Amerika, Uganda, Japan, Pakistan, Kenya, Filippinene, Honduras, India, Russland, Tyskland, Peru, den Demokratiske Republikk i Kongo, Israel og Estonia.

1 2002 ble han anerkjent som en av "verdens oppvekkelses predikanter" for hans mektige menighet i forskjellige utenlandske kampanjer av store Kristelige aviser i Korea. Veldig spesiell ble hans 'New York kampanje 2006', som ble holdt i Madison Square Garden, den mest berømte plassen i verden. Begivenheten ble kringkastet til 220 nasjoner, og i hans 'Israelske Samlede Kampanje 2009', som ble holdt i det Internasjonale Konferanse Senteret i Jerusalem, forkynte han modig at Jesus Kristus er Messias og Frelseren.

Hans gudstjeneste blir kringkastet til 176 land via satellitter inkludert GCN TV, og han ble skrevet opp som en av de 'Topp 10 Mest Innflytelsesrike Kristne Ledere i 2009 og 2010 av det populære Russiske Kristne magasinet *In Victory* og nyhetsfirmaet *Christian Telegraph* for hans mektige TV kringkastings gudstjeneste og utenlandske kirkelige prestegudstjeneste

Fra og med juli 2013, har Manmin Kirken en menighet på mer enn 120,000 medlemmer. Det finnes 10,000 søster kirker verden rundt medregnet 56 innenlandske søster kirker, og hittil har mer enn 125 misjonærer blitt sendt til 23 land, iberegnet Amerika, Russland, Tyskland, Canada, Frankrike, India, Kenya, og mange flere land.

Fra og med dagen da denne boken ble utgitt, har Dr. Lee skrevet 87 bøker, iberegnet bestselgere som *Å Smake På Det Evige Livet Før Døden, Mitt Liv Min Tro I & II, Korsets Budskap, Troens Målestokk, Himmelen I & II, Helvete, Våkn Opp, Israel!,* og *Guds Makt*. Hans arbeide har blitt oversatt til mer enn 75 språk.

Hans Kristelige spalte kan sees på *The Hankook Ilbo, The JoongAng Daily, The Chosun Ilbo, The Dong-A Ilbo, The Munhwa Ilbo, The Seoul Shinmun, The Kyunghyang Shinmun, The Korea Economic Daily, The Korea Herald, The Shisa News,* og *The Christian Press*.

Dr. Lee er for tiden lederen av mange misjons organisasjoner og foreninger. Stillinger inkluderer: Formann, The United Holiness Church of Jesus Christ; President, Manmin World Mission; Bestående President, The World Christianity Revival Mission Association; Grunnlegger & Styre Formann, Global Christian Network (GCN); Grunnlegger & Styre Formann, World Christian Doctors Network (WCDN); og Grunnlegger & Styre Formann, Manmin International Seminary (MIS).

Andre prektige bøker fra den samme forfatteren

Himmelen I & II

Et detaljert utdrag av de forferdelig flotte omgivelsene som de himmelske innbyggerne nyter og vakker beskrivelse om forskjellige nivåer av de himmelske kongerikene.

Korsets Budskap

Et mektig og oppvekkende budskap for alle menneskene som sover åndelig! I denne boken vil du finne grunnen til at Jesus er den eneste Frelseren og Guds virkelige kjærlighet.

Helvete

Et oppriktig budskap til alle mennesker ifra Gud, som ikke ønsker at en eneste sjel skal falle inn i dypet av helvete! Du vil oppleve en beretning som aldri før har blitt avslørt om den grusomme virkeligheten til det Lavere Dødsrike og helvete.

Mitt Liv, Min Tro I & II

Den vakreste åndelige duften fra livet som blomstret sammen med en uforlignelig kjærlighet for Gud, midt i de mørke bølgene, kalde åkene og de dypeste fortvilelsene.

Troens Målestokk

Hva slags oppholdssted, kroner og belønninger blir forberedt for deg i himmelen? Denne boken gir deg visdom og veiledning slik at du kan måle din tro og kultivere den beste og mest modne troen.

www.urimbooks.com

www.ingramcontent.com/pod-product-compliance
Lightning Source LLC
LaVergne TN
LVHW041811060526
838201LV00046B/1215